갈렙처럼 나이들기

권도형 지음 | **권대현** 감수

한스컨텐츠

미국에서 공부할 때 "Money Matter"이라는 이름의 강의를 들은 적이 있다. 우리말로 "돈 문제"이다. 그 당시 과연 이러한 과목이 신학을 공부하는 사람에게 적절한지 의문이 들기도 했다. 하지만 한국 기독교가 재정 문제에 관해 터부시해 왔기에 이 과목이 신선하게 느껴지기도 했다.

요컨대 재정은 교회와 기독교인과 무관하지 않으며 반드시 깊이 생각해야 하는 분야임이 분명하다. 그러나 한국에서 신학을 한 사람이 교회와 기독교인의 재정에 관해 연구해서 쓴 도서를 만나기는 쉽지 않다.

이번에 뜻밖의 부탁을 받았다. 주로 돈 문제를 다루어온 전문가가 이것을 기독교 신앙의 영역으로 확장하는 책을 쓴다며 감수를 요청한 것이다.

특히 그는 미래에 대해 불안감을 가진 크리스천이 이것을 죄악시하기나 혹은 거리 두기를 하는 점에서 중요한 문제를 발견했다. 그래서 이 문제를 직시하고 기독교적 가치관으로 풀어갈 방법을 찾고자 했다. 나는 그의 시도에 깊이 공감하며 감수 요청을 받아들였다.

저자는 신학을 공부한 사람이 아니다. 그래서 다양한 신학적 의견과 해석이 존재하는 갈렙에 대해 그가 파고든 방식을 곧이곧대로 받아들일 수는 없다.

하지만 성서의 관점을 토대로 은퇴와 재정의 현실 문제에 대해 접근하고 기독교적인 해결책을 찾고자 한 시도는 그 자체로 큰 도전이라 생각한다.

갈렙이라는 인물 자체가 성서에 많은 본문을 갖고 있지 않다. 그래서 그를 통해 깊이 있게 인생을 성찰하는 일은 쉽지 않다. 하지만 갈렙의 나이 들기는 크리스천에게 많은 것을 생각하게 준다. 저자는 여기에 집중했다.

그런 점에서 다양한 해석의 여지가 있지만, 저자의 상상력과 해석을 독자 여러분이 널리 이해해주시기를 기대한다.

이 책은 나이 듦의 영성, 성화, 자존감 등에 대해 다루고 있다. 물론 이것은 엄밀한 학문적 접근은 아니다. 하지만 저자 나름의 성찰과 경험에 깊이 뿌리를 내리고 있다.

비록 신학적 전문성에 기반을 둔 내용이 아닐지라도 현실에 발을 딛고 사는 크리스천의 깊은 고뇌에서 비롯된 내용은 더 큰 가치를 가질 수 있다고 본다.

또한, 현실 감각과 전문성을 가진 평신도의 시각은 현대 한국 사회라는 구체적 현장을 살아가는 크리스천에게 더욱 공감을 이끌 수 있다고 본다. 성서와 신학의 원래 의미를 따지기에 앞서, 오늘의 상황과 성서의 대화를 추구한 점에서 매우 의미 있는 해석을 추구한 것이다. 이런 관점에서 이 책의 감수가 이루어졌음을 밝힌다.

고령화 한국 사회를 살아가며 은퇴를 준비해야 한다는 점에서 크리스천은 비기독교인과 크게 다르지 않다. 크리스천들도 은퇴 후 미래의 불안감과 공포를 똑같이 안고 살아간다. 크리스천은 세상과 다른 삶을 살아야 하고 은퇴 준비 역시 달라야 한다. 하지만 실제로는 남다른 준비가 이루어지지 않는 현실이 있다. 저자는 이 점을 꼬집으며 도전한다.

그는 크리스천으로서의 진정한 준비가 어떤 것인지를 밝힌다. 단순한 재정적 준비뿐만 아니라 다양한 관계, 소명, 봉사, 건강 등의 준비가 더 소중함을 일깨워주며, 구체적인 준비와 계획을 돕고자 한다. 이 부분들은 상세한 은퇴설계를 위한 유익한 안내가 될 것이다.

신학이나 목회학을 전공한 사람들이 재정과 은퇴 등에 대해 신학적인 관점에서 글을 쓴다면 어떻게 해야 할까? 이때 재정과 은퇴 전문가가 성서와 신학적인 내용의 책을 쓰는 방식에서 유용한 착안점을 찾을 수도 있을 것이다. 이런 만남을 통해 더욱 깊이 있는 대화가 가능할 것이다. 그런 면에서 이 책은 성서와 신학을 한 사람들을 이 땅에 하나님 나라를 만드는 구체적인 방법론을 생각할 수 있도록 자극하고 있다. 이러한 책을 감수할 수 있는 기회를 얻게 된 것을 감사하게 생각한다.

2014년 7월 권대현

감사의 말

제가 이 책을 쓰는 것이 옳은지에 대해 참으로 많이 고민했습니다. 신학을 공부한 적도 없을뿐더러 신앙생활의 경륜도 부족한 미욱하기 이를 데 없는 사람이 그리스도인이 읽을 책을 쓴다는 것은 몹시 외람된 일입니다. 더욱이 제 믿음의 부족함과 삶의 비천함을 스스로 잘 알기에 이 일을 엄두조차 내기 힘들었습니다.

하지만 이 모든 부족함에도 불구하고 책을 쓰는 쪽으로 이끌렸습니다. 저는 우리 사회의 은퇴설계 현장에서 이루어지는 치우침과 절망을 극복하고 새로운 은퇴설계의 방법론을 제시한다는 담대한 결심으로 한국은퇴설계연구소를 세웠습니다.

그리고 교육과 상담을 하며 많은 분을 만났습니다. 그런데 나이 듦과 은퇴설계에 관해서는 크리스천도 크게 다르지 않다는 사실을 알고는 몹시 놀랐습니다. 굳건한 믿음이 생활의 구체적 문제로 직접 연결되지 않았던 것입니다.

그래서 크리스천의 나이 듦과 은퇴설계를 본격적으로 다루어 보고 싶었습니다. 이런 바람을 갖고 묵상하며 공부하면서 신앙의 위인 갈렙을 만났습니다. 갈렙은 크리스천의 나이 듦에 있어서 매우 의미 있는 모델이었습니다.

자연스럽게 갈렙의 교훈을 널리 알릴 수 있으면 좋겠다는 소망을 품게 되었습니다. 저는 이를 위해 두 가지를 계획하고 실행에 옮겼습니다. 하나는 크리스천을 위한 은퇴설계 교육과정을 준비하는 것이고 하나는 그와 관련된 책을 쓰는 것입니다. 이 책은 이런 과정을 거쳐 세상에 나왔습니다.

장로회신학대학교의 권대현 교수님께서 기꺼이 이 책의 감수를 맡아주셨습니다. 바쁜 시간을 쪼개어 여러 차례 꼼꼼하게 읽으시고 중요한 의견을 주셨습니다. 특히 갈렙의 혈통에 관한 부분 등 신학적으로 여러 의견이 존재하는 부분에 대해 걱정해주셨고 성경의 교훈과 구체적인 행동을 연결하는 데 비약이 많음을 지적하셨습니다. 감수를 따라 보완하기는 했지만 여전히 부족한 점이 많습니다. 그것은 순전히 저의 모자란 탓임을 고백합니다.

나이 듦과 은퇴를 준비하는 한국의 크리스천이 부족한 이 책을 통해 새로운 용기를 얻고 아름다운 나이 듦의 과정으로 들어가는 데 작은 도움이라도 되기를 간절히 기도합니다.

2014년 7월 권도형

CONTENTS

3. 크리스천 나이 듦의 위대한 교훈
갈렙처럼 꿈꾸라

4. 크리스천 은퇴설계의 실제
나이 듦을 계획하라

1
왜 갈렙인가?

나이 듦은 새로운 시작

갈렙,
나이 듦의 영성

오직 여분네의 아들 갈렙은 온전히 여호와께 순종하였은즉 그는
그것을 볼 것이요 그가 밟은 땅을 내가 그와 그의 자손에게 주리
라 하시고 (신명기 1장 36절)

나이 듦의 모델

성경에는 수많은 믿음의 위인들이 있습니다. 우리는 때로 이들
의 삶을 통해 교훈과 위로, 도전을 얻게 됩니다. 갈렙도 그중 한
사람입니다. 특히, 갈렙은 현대 한국 사회와 한국 교회가 처한 고
령화 현상을 돌파할 소중한 열쇠를 지니고 있습니다.

저는 은퇴설계를 교육하고 상담하는 일을 하고 있습니다. 때로
는 신앙의 선배들을 상담해야 하는데 이것이 여간 힘든 게 아닙
니다. 은퇴설계의 실무적인 부분들 즉, 재무설계나 직업설계, 건

강관리, 관계관리 등의 영역에서는 저의 전문 지식이나 경험을 활용할 수 있지만, 그 바탕을 이루어야 할 영성에 대해서는 부족하기 이를 데 없기 때문입니다.

그리스도인의 나이 듦과 은퇴 준비에 대한 모델이 있다면 나는 그 뒤로 숨을 수 있겠다는 생각이 들었습니다. 감사하게도 성경의 인물 중에 그리스도인의 나이 듦과 은퇴설계가 어떠해야 하는지를 구체적으로 보여주는 사람이 있었습니다. 바로 갈렙입니다.

갈렙은 성경에 그리 많이 등장하는 사람이 아닙니다. 그 출신과 성장에 대해서는 정확한 기록이 없어 여러 학설이 존재하고 있습니다. 하지만 갈렙에 대해 기록한 성경 기록들은 너무나 강렬한 메시지를 전합니다.

청년 갈렙

갈렙은 40대 때 처음 등장합니다. 이집트에서 압제를 당하던 이스라엘 백성들은 하나님의 인도 아래 지도자 모세와 함께 이집트를 탈출합니다. 그리고 홍해가 갈라지는 기적을 경험하며 예비된 땅 가나안으로 향합니다. 모세가 계명을 받기 위해 호렙 산에 올라간 사이 백성들은 우상숭배의 죄악을 저질러 형벌을 받기도 합니다. 그 후 가나안 인근의 가데스 바네아에 도착했습니다. 가나안이 멀지 않은 곳입니다.

모세는 지파별로 한 사람씩 선발하여 가나안을 정탐하도록 합니다. 이때 유다 지파의 대표로 선발되어 다른 11명과 함께 가나안 정탐에 나선 사람이 갈렙입니다.

가나안을 돌아보고 온 정탐자들의 의견은 둘로 나뉘었습니다. 10명의 정탐자들은 절망적인 소식을 전했습니다. 그 지역 성읍이 크고 견고한데다 거주민 또한 건장하고 강해서 싸워보아야 승산이 없다는 보고였습니다. 그러나 정탐자 중 두 사람, 갈렙과 여호수아는 가나안 땅이 아름다우며 하나님께서 도우시면 이길 수 있으니 그 지역을 취하자고 외칩니다.

절망에 싸인 이스라엘 백성들은 용기 있는 두 사람의 목소리를 듣지 않습니다. 오히려 여호수아와 갈렙을 돌로 치려고 합니다. 이때 하나님의 영광이 나타납니다. 하나님께서는 이스라엘 백성들의 불신을 꾸짖으시며 그들이 지금 가나안에 들어가지 못하고 40년 동안 광야를 떠돌게 될 것이라고 하십니다. 그리고 여호수와와 갈렙만이 생존하여 가나안 땅에 들어갈 것이라 말씀하셨습니다. 이스라엘 백성은 이후 40여 년을 광야를 떠도는 고초를 겪게 됩니다.

노년의 갈렙

그다음 갈렙이 성경에 등장하는 것은 이스라엘 민족이 가나안에 들어가서 토지를 분배할 때입니다. 이때 갈렙이 가장 먼저 나서서 지도자 여호수아를 향해 말하는 장면이 나옵니다. 갈렙

©photopark

은 정탐 보고 때 하나님의 약속을 상기시키며 헤브론 산지를 요구합니다. 그 당시 헤브론 산지는 거인 족속인 아낙 자손들이 거주하던 땅입니다.

그는 "오늘 내가 팔십오 세로되 모세가 나를 보내던 날과 같이 오늘도 내가 여전히 강건하니 내 힘이 그 때나 지금이나 같아서 싸움에나 출입에 감당할 수 있으니 그 날에 여호와께서 말씀하신 이 산지를 지금 내게 주소서 당신도 그 날에 들으셨거니와 그곳에는 아낙 사람이 있고 그 성읍들은 크고 견고할지라도 여호와께서 나와 함께 하시면 내가 여호와께서 말씀하신 대로 그들을 쫓아내리이다(여호수아 14장 10절~12절)"라고 말합니다.

이 부분은 참으로 인상적입니다. 노년의 갈렙은 청년 시절과 다름없는 건강과 힘, 지혜를 가지고 있었습니다. 무엇보다 하나님과 동행하고 있었으며 약속에 대한 견고한 믿음을 보여주었습니다. 그리고 험난한 싸움을 벌여야 할 새로운 도전을 기꺼이 받아들이며 그것을 적극 요구하고 있는 것입니다.

갈렙은 헤브론 산지를 기업으로 얻은 후에 아낙의 세 아들을 쫓아내었습니다. 그리고 기럇 세벨을 점령하는 사람에게 자신의 딸 악사를 아내로 주겠다고 선언했습니다. 그의 조카인 옷니엘이 기럇 세벨을 점령하였고 갈렙은 약속대로 그의 딸을 아내로 주었습니다. 그는 그 딸에게 밭과 함께 샘을 상속하며 축복하였습니다. 갈렙의 사위인 옷니엘은 후에 이스라엘의 첫 번째 사사가 되어 신음하던 민족을 이끌게 됩니다.

저는 이런 갈렙의 인생을 보며 그의 담대한 비전과 실천을 통해 그리스도인이 어떻게 나이 들어가야 하는지, 다가오는 노년을 어떻게 준비해야 하는지에 대한 구체적인 해답을 찾았습니다. 그 내용을 이 책을 통해 펼치고자 합니다.

‥

크리스천의
나이 들기는 다르다

오늘 내가 팔십오 세로되 모세가 나를 보내던 날과 같이 오늘도
내가 여전히 강건하니 내 힘이 그 때나 지금이나 같아서 싸움에
나 출입에 감당할 수 있으니 그 날에 여호와께서 말씀하신 이 산
지를 지금 내게 주소서 당신도 그 날에 들으셨거니와 그 곳에는
아낙 사람이 있고 그 성읍들은 크고 견고할지라도 여호와께서 나
와 함께 하시면 내가 여호와께서 말씀하신 대로 그들을 쫓아내리
이다 하니 (여호수아 14장 10절~12절)

갈렙, 나이 들기의 스승

제가 출석하고 있는 교회에는 '갈렙부'가 있습니다. 우리 교회
뿐만 아니라 꽤 많은 교회에 같은 이름의 모임이 존재합니다. 대
개는 가장 연세가 많은 남전도회를 이렇게 부르고 있습니다.

그것은 갈렙이라는 인물이 이 시대의 노년층에게 큰 귀감을 주기 때문이라고 생각합니다.

굳건하고 담대한 믿음의 위인인 갈렙은 85세 나이에도 건강과 실력을 유지하고 있었습니다. 그리고 비전을 품고 새로운 도전에 나서려 합니다. 갈렙의 말은 노인의 입에서 나온 것이라기보다는 청년의 이상을 담은 것처럼 느껴집니다. 여호와께서 함께하시면 나이는 전혀 문제될 것이 없기 때문입니다.

갈렙은 크리스천의 노년이 어떠해야 하는지, 어떻게 나이 들어가야 하는지에 대해 분명하고 구체적인 모범이 됩니다. 우리에게 갈렙 같은 믿음의 선조가 있다는 사실은 큰 축복입니다.

그렇지만 현실의 삶에서 우리 크리스천들이 갈렙처럼 나이 들기를 진정으로 사모하고 그 길을 배우고 있는지에 대해서는 의문이 듭니다.

저는 한국은퇴설계연구소를 설립해서 운영하고 있습니다. 저는 우리나라의 은퇴설계가 공포에 찌들어 있으며 온통 돈 문제로 쏠리는 현실이 안타까웠습니다. 이런 두려움과 불균형을 극복하는 새로운 은퇴설계의 전형을 제시하고 싶었습니다. 그래서 기도하며 고심한 끝에 직장을 그만두고 도전에 나섰습니다.

이 과정에서 은퇴를 눈앞에 두고 있는 많은 분을 만나고 대화를 나누었습니다. 경륜과 지혜를 품은 훌륭한 분들이었지만 대부분 나이 듦과 은퇴에 대한 두려움의 그림자가 짙게 드리워져

©photopark

갈렙처럼 나이 들기

있었습니다. 더 안타깝고 충격적인 사실은 갈렙과 같은 믿음의 선조를 둔 크리스천 은퇴자도 나이 듦과 은퇴에 관해 좌절과 두려움 같은 부정적인 감정에 휩싸여 있다는 점입니다.

저는 은퇴설계를 연구하고 교육하는 크리스천으로서 책임감을 느끼지 않을 수 없었습니다. 크리스천의 은퇴는 분명히 세상과 달라야 하는데, 무엇이 어떻게 달라야 할지 그 길이 제시되면 좋겠다고 생각했습니다. 저는 갈렙의 삶이 이정표가 될 수 있다고 믿습니다. '갈렙처럼 나이 들기'를 사모하고 배운다면 나이 듦과 은퇴의 구체적 현실에 뿌리를 내린 균형 잡힌 신앙을 형성될 수 있으리라 보았습니다.

이 일에 작으나마 힘을 보탤 수 있기를 소망하고 기도했습니다. 그래서 턱없이 부족한 사람이 무모하고 외람된 일을 벌였습니다. 갈렙과 나이 듦, 그리고 은퇴 준비를 연결한 이 한 권의 책을 내놓게 된 것입니다.

크리스천은 달라야 한다

TV나 신문 등의 매체에서 숭고한 인격과 헌신적 사랑으로 가치 있는 일을 하고 있는 분들의 미담을 접할 때가 있습니다. 그럴 때면 저는 이분들의 종교가 궁금해집니다. 그 후에 몇 가지 단서를 통해 이분들이 크리스천이라는 사실이 밝혀지면 저는 '그러면 그렇지!' 하며 안도하곤 합니다. 가슴 뿌듯한 마음도 듭니다.

'크리스천의 삶은 세상과 다르다'는 저의 기대와 믿음을 이분들이 증명해주었기 때문입니다. 정작 저 자신은 세상과 별다를 것 없이 살면서도 말입니다.

우리 사회와 삶의 수많은 영역에서 크리스천이 두각을 드러내고 있습니다. 이것은 분명히 좋은 일이지만 크리스천이라고 꼭 모든 면에서 최고가 되어야 할 필요는 없는 것 같습니다. 말하자면 크리스천 학생들이 모두 공부를 잘하고 크리스천 직장인들이 고속승진을 하고 크리스천 사업가가 탁월한 성공을 거두어야 하는 것은 아니라고 생각합니다.

그 대신 크리스천은 달라야 한다고 믿습니다. 크리스천 학생은 경쟁과 왕따, 폭력이 존재하는 교실에서 친구를 아끼고 따뜻하게 보듬어줄 수 있어야 합니다. 크리스천 직장인은 '주님께 하듯' 고객과 동료를 정직하고 성실히 섬기는 것이 정상이라고 봅니다. 크리스천 사업가는 물질적 성과에 대한 욕망보다는 섬김과 배려의 마음을 품고 공의를 추구하는 모습을 보여야 하지 않을까요?

크리스천은 어디에 있든 무엇을 하든 세상과 다른 모습을 보여야 한다는 것이 저의 믿음입니다. 예수님을 닮은 모습 말입니다. 그리고 눈을 크게 뜨면 실제 그런 삶을 사는 분들을 자주 만날 수 있습니다. 한국 교회에 대한 비판이 비아냥의 수준까지 오른 지금, 남다른 삶을 사는 이분들이야말로 교회의 희망이고 한국의 희망이 아닐까요.

저는 같은 맥락에서 크리스천은 나이 들기도 달라야 한다고 생각합니다. 또한 은퇴를 준비하고 맞이하는 과정이 세상과 달라야 한다고 믿습니다.

성숙한 그리스도인이라면 나이 듦과 은퇴를 두려워하거나 좌절하지 않습니다. 주 안에서 새로운 비전을 찾고 그 길을 향해 나아갑니다. 노후를 주님께 맡길 뿐 돈과 권력에 기대지 않습니다. 아름다운 신앙 인격이 우러나오고 위대한 일을 해냅니다.

이렇듯 남다르게 나이 들고 남다르게 은퇴를 맞이하는 크리스천과 이들이 모인 교회는 고령화의 몸살을 앓는 한국 사회에 새로운 방향을 제시해줄 수 있을 것입니다.

그리고 우리에게는 좋은 선배요 스승이 있습니다. 바로 갈렙 말입니다.

..

'개'라는 이름의 사나이

하나님을 따라 의와 진리의 거룩함으로 지으심을 받은 새 사람을
입으라 (에베소서 4장 24절)

비천한 이방인 혹은 충성스러운 종

저는 크리스천의 나이 들기와 은퇴의 모범으로서 갈렙에 대해
공부하면서 흥미로운 사실 몇 가지를 알게 되었습니다. 특히 '갈
렙caleb'이라는 이름의 뜻이 '개', '개처럼 짖는 자', '공격자'라는 사
실을 알고는 무척 당혹스러웠습니다.

우리나라에서는 '개'가 욕설로 많이 사용됩니다. 그래서인지
어감이 그리 좋지 않습니다. 혹시 이스라엘에서는 개가 좋은 뜻
으로 쓰이지 않았을까 하는 생각에 성경을 찾아보았지만 대부분
부정적인 뉘앙스를 가지고 있었습니다.

개는 천하고 사나운 존재로 그려졌고 유대인들이 이방인을 멸시하면서 부르는 경우가 많았습니다. 예수님께서도 이방인 여성과 대화하시면서 "자녀의 떡을 취하여 개들에게 던짐이 마땅하지 아니하니라(마태복음 15장 26절)"라고 말씀하신 적이 있습니다.

그렇다면 갈렙은 왜 이런 이름을 가졌을까요? 몇몇 자료를 참고로 해보았지만 관련 기록이 부족하고 이견이 분분해서 확실한 감을 잡기 힘들었습니다. 더구나 신학 지식이 전혀 없는 제가 여기에 해석을 가하는 데에는 큰 무리가 있습니다. 그래서 일반적으로 존재하는 몇몇 해석을 소개하는 정도로 그쳐야 할 것 같습니다.

저는 갈렙에 대해 공부하면서 그를 유대인이 아니라 출애굽 당시 유대인과 함께 이집트를 나왔던 이방 민족 중 하나로 보는 시각을 자주 접했습니다. 물론 갈렙이 순혈 유대인이라는 시각도 많이 있었습니다.

만약 갈렙이 이방인이라면 그의 이름은 그 민족과 어떤 연관성이 있지 않겠느냐는 추측도 찾아볼 수 있었습니다. '개'라는 이름 속에 노예나 으르렁거리며 포악하게 물어뜯는 이미지가 들어 있다는 겁니다.

이와는 달리, 주인에 대한 충성심이 강한 개처럼 온전히 그리고 열정적으로 하나님을 섬기라는 기대가 이름에 녹아 있다고 보는 분들도 계셨습니다.

저는 어떤 해석이 맞는지는 잘 모르겠습니다. 그 대신 저는 갈 렙이 평생 '개'라고 불리면서 어떤 생각을 했을지를 상상해보았습니다.

만약 갈렙이 이방인의 핏줄이라면 자신의 이름을 들을 때마다 하나님 밖에 있던 이방인으로서의 과거를 끊임없이 떠올리며 구원받은 것을 감사하며 변화의 의지를 다지지 않았을까요?

갈렙이 유대인 핏줄이고 그의 이름이 충성을 표현한 것이라면 그는 자신의 이름이 불릴 때마다 하나님께 죽도록 충성할 것을 다짐했을 수도 있었을 겁니다.

갈렙이 이방인이든 그렇지 않든 이집트에서 노예 생활을 하며 멸망의 운명에 놓인 비천한 존재였습니다. 이런 사람이 하나님의 충성스러운 종이 된 건만은 분명해 보입니다.

크리스천의 나이 들기는 끊임없는 성화의 과정

크리스천으로서 나이 들어감은 무엇을 의미할까요? 저는 이것이 부단한 성화 과정이 아닐까 생각합니다. 매일매일 새로운 존재로 변화하는 것, 조금씩 그리스도의 모습을 닮아가며 새 사람을 입는 것. 이런 삶의 여정이야말로 나이 듦의 본령일 겁니다.

사도 바울은 "나는 날마다 죽노라(고린도전서 15장 31절)"고 고백했습니다. 위대한 선교자 바울에게조차 매일 죽여야 할 자아가 있었다면 나 같은 부족한 사람이 어떨지 스스로를 돌이켜봅

렘브란트 〈돌아온 탕자〉

니다. 우리 그리스도인은 매일매일 죽고 다시 태어남을 반복하면서 성숙해지는 존재입니다.

그런 점에서 갈렙처럼 나이 들기의 출발점은 '성화를 향한 결단과 실천'입니다. 물론 거듭난 그리스도인이라면 성령의 인도를 받으며 자연스럽게 성화의 길을 걷게 될 것입니다.

그러나 우리가 의식적으로 그것을 결단하며 변화의 도상에 자신을 올려놓는 일이야말로 성령의 인도를 따르는 구체적인 방법이 아닐까요?

제 고향 친구 중에는 고등학교 시절 수련회에 참석했다가 예수님을 영접한 사람이 있습니다. 당시 그 친구에게는 껄렁한 모습이 많았습니다. 급하고 화를 잘 내는 성격에 욕설이 많이 섞인 말투였고 공격적인 행동을 자주 보였습니다.

이 친구가 눈물을 흘리며 회개하고 삶의 노선을 바꾼 것은 분명하지만 그렇다고 해서 다음날부터 확 달라진 건 아닙니다. 무언가 변화의 씨앗 정도만 보였습니다.

제가 서울로 진학한 후에는 명절 때 등 1년에 한두 차례만 그친구를 만날 수 있었습니다. 그런데 그때마다 그는 조금씩 달라져 있었습니다.

이제 20년 넘는 세월이 흐르고 보니 이 친구에게서는 과거 믿지 않을 때의 모습을 아예 찾을 수 없게 되었습니다. 온유한 성품에 부드러운 말투, 배려심 넘치는 행동 양상을 보며 그가 늘 그랬던 것처럼 보입니다.

비교적 최근에 이 친구를 알게 된 사람에게 그의 과거를 이야기하면 잘 믿지 않으려 합니다. 그는 아름다운 성화의 과정을 거쳐 전혀 새로운 존재가 된 것입니다. 그리고 앞으로도 그 과정이 계속될 겁니다.

이렇듯 변화의 과정은 점진적이지만 그 결과는 극적입니다. 극적 변화를 묵상하자니 어린 시절 들었던 설교 예화 하나가 떠올랐습니다.

어느 목사님 댁에 깨어진 놋 요강이 있었습니다. 목사님은 집청소를 하시다가 아무 데도 쓸모없는 이 요강을 내다 버렸습니다. 마침 유기 장인인 그 교회 집사님 한 분이 목사님 댁을 지나다 그 요강을 주워 갔습니다.

얼마간 시간이 흐르고 목사님의 기억에서 요강이 지워져 갈 무렵 그 집사님이 밥그릇과 국그릇 하나씩을 목사님께 선물했습니다. 목사님은 선물을 고맙게 받고 식사 때마다 이 그릇을 즐겨 사용했습니다. 집사님이 정성을 다해 만든 그릇이라 그런지 기품이 있고 쓰임새가 좋았습니다.

목사님은 그 집사님께 감사의 인사를 했습니다. "귀한 선물 정말 감사합니다." 그러자 집사님은 이렇게 대답했다고 합니다. "쓰시기에 괜찮으십니까? 목사님 댁에서 버린 깨어진 요강으로 만든 겁니다."

그리스도인의 변화는 이렇게 극적입니다. 하지만 요강이 하루 아침에 그릇이 된 것은 아닐 겁니다. 금속을 녹이는 과정, 부어서 형태를 만드는 과정, 두드리고 펴고 하면서 모양을 잡아가는 과정, 다듬고 닦는 과정 등 무수한 과정을 거쳐서 아름다운 그릇으로 탈바꿈했습니다. 변화의 길은 거칠고 험난하지만, 매일매일 새로운 존재로의 변화가 있습니다. 그리고 이 변화가 모여 고귀한 결정체를 이룹니다.

갈렙도 마찬가지였을 거라 생각합니다. 그의 이름은 변하지 않았지만 그의 인생은 완전히 달라졌습니다. 비천하고 사나운 존재에서 충성스러운 하나님의 종으로 변화한 겁니다.

점진적 변화가 누적되면

저는 금융 쪽 일을 경험했기 때문에 복리 효과에 대해 잘 알고 있습니다. 처음에는 푼돈이더라도 시간이 지나며 이자에 이자가 붙어 큰돈으로 불어납니다. 첫돌에 받은 10만 원을 6%의 연 복리 비과세 상품에 그대로 넣어두면 80년 후에는 1,200만 원이 넘습니다. 매일 커피 한 잔 덜 마시고 3,000원씩을 6% 연 복리 상품으로 저축한다면 30년 후에는 1억 원 가까운 금액을 모을 수 있습니다. 이자의 누적이 큰 수확으로 이어지는 겁니다.

그러나 이런 복리 효과는 현실에서는 그렇게 잘 나타나지 않습니다. 금리가 계속 높은 수준을 유지하지 않는 데다가 이런 금융상품을 확정적으로 운용하는 곳은 없습니다.

하지만 이런 복리 효과가 나타나는 곳이 있습니다. 바로 그리스도인의 삶의 변화가 일어나는 과정입니다. 변화에 변화를 덧붙이는 과정에서 새로운 존재, 숭고한 신앙 인격을 갖춘 위대한 그리스도인으로 변모할 수 있습니다.

앞에서 회심한 친구 이야기를 잠깐 했습니다만 저는 그 밖에도 예수를 믿고 거듭난 후 예전에는 생각하지도 못했던 새로운 모습으로 변화한 사람을 여럿 알고 있습니다. 사람은 좀처럼 변하지 않는다는데 이런 일은 거의 기적에 가깝습니다.

이런 변화의 과정이 손쉽게 이루어진다면 좋겠지만, 성화의 과정은 험난하기만 합니다. 그리고 고난이 숨어 있습니다. 하지만 그 변화의 결실을 기대하고 인내해야 하겠습니다. 우리는 욥의 고백을 기억해야 합니다.

그러나 내가 가는 길을 그가 아시나니 그가 나를 단련하신 후에는 내가 순금 같이 되어 나오리라 (욥기 23장 10절)

최고의 노후 준비는 삶의 변화

노후를 위해 많은 돈을 저축해두고 멋진 집을 지어놓고 즐기고 누릴 수많은 일을 준비해두었다 하더라도 그리스도인으로서 삶의 변화가 없다면 제대로 나이 들었다고 말할 수 없을 겁니다.

그리고 그 모든 준비와 소유는 무위로 돌아갈 겁니다.

학개 1장 6절에서 7절에는 다음과 같이 경고하고 있습니다.

> 너희가 많이 뿌릴지라도 수확이 적으며 먹을지라도 배부르지 못
> 하며 마실지라도 흡족하지 못하며 입어도 따뜻하지 못하며 일
> 꾼이 삯을 받아도 그것을 구멍 뚫어진 전대에 넣음이 되느니라
> 만군의 여호와가 말하노니 너희는 자기의 행위를 살필지니라

갈렙처럼 나이 들기를 소망하는 우리는 주 안에서 자신을 살
피며 끊임없이 변화의 의지를 다져야 합니다. "이 세대를 본받지
말고 오직 마음을 새롭게 함으로 변화를 받아 하나님의 선하시
고 기뻐하시고 온전하신 뜻이 무엇인지 분별(로마서 12장 2절)"하
여야 합니다.

궁극에 우리는 최고의 변화를 맞이하게 될 것입니다. 성경은
이렇게 기록하고 있습니다.

> 보라 내가 너희에게 비밀을 말하노니 우리가 다 잠 잘 것이 아
> 니요 마지막 나팔에 순식간에 홀연히 다 변화되리니 나팔 소리
> 가 나매 죽은 자들이 썩지 아니할 것으로 다시 살아나고 우리
> 도 변화되리라 (고린도전서 15장 51절~52절)

우리가 다 수건을 벗은 얼굴로 거울을 보는 것 같이 주의 영광

을 보매 그와 같은 형상으로 변화하여 영광에서 영광에 이르니

곧 주의 영으로 말미암음이니라 (고린도후서 3장 18절)

종말의 변화를 현실의 삶에서 미리 느껴볼 수 있다면 얼마나

좋을까요?

지금 그 빛나는 변모의 출발선에 서기기 바랍니다.

..

혈통보다 믿음,
과거보다 미래

이는 혈통으로나 육정으로나 사람의 뜻으로 나지 아니하고 오직

하나님께로부터 난 자들이니라 (요한복음 1장 13절)

유대인의 리더가 된 이방인

성경 여러 곳에 갈렙은 여분네의 아들로 표현되어 있습니다. 더 구체적으로는 그나스 사람 여분네의 아들이라고 합니다. 그나스 사람은 유대인이 출애굽을 할 때 그들을 따라나선 잡족 중 하나인데 에서의 후예로 후에 유다 지파로 편입되었다고 합니다. 이런 성경의 기록을 따라 갈렙을 이방인 출신으로 보는 시각이 많습니다. 개라는 뜻을 가진 이름도 갈렙이 이방인이기 때문에 붙여진 것이라 보기도 합니다.

유대인들은 이방인을 멸시했습니다. 그들을 짐승만도 못한 존

재로 취급했습니다. 심지어 유대인의 어떤 문헌에는 하나님이 이 방인을 만드신 이유가 지옥의 불쏘시개로 사용하기 위해서라는 끔찍한 표현도 등장합니다.

유대인들이 이방인을 경멸하고 그들과 접촉하지 않으려 한 배경에는 자신들만이 하나님의 선택을 받은 민족이라는 선민사상이 자리 잡고 있습니다.

그런데 놀랍게도 이방인 갈렙은 한 지파의 대표로 등장하고 있습니다. 이집트를 나와 홍해를 건넌 이스라엘 민족은 목적지인 가나안을 앞에 두고 가데스 바네아라는 지역에 진을 쳤습니다. 그리고 각 지파당 한 사람씩을 뽑아서 가나안 지역을 정찰하기로 합니다. 이때 유다 지파를 대표하는 정탐자로 나선 인물이 갈렙입니다. 모세를 이어 이스라엘 민족의 지도자가 된 여호수아도 이때 함께 가나안 정탐을 갔던 점 등을 고려해볼 때 갈렙은 적어도 유다 지파에서는 중요한 인물이었던 것으로 보입니다.

만약 갈렙이 이방인의 후손이었다면 그가 어떻게 한 지파를 대표하는 중책을 맡을 수 있었을까요? 성경에 이에 대한 설명은 나오지 않아 정확히 알 수 없습니다.

저는 상상력을 발휘해보았습니다. 혹시 갈렙이 혈통으로는 이 방인이었을지라도 영적인 측면에서는 하나님의 선택받은 백성이 었을 거라고 말입니다.

가나안 정탐을 마치고 돌아왔을 때의 상황을 보면 이 사실을

©photopark

짐작할 수 있습니다. 두려움에 떨며 가나안 입성을 포기하려는 다른 정탐자들은 혈통으로는 유대인인지 몰라도 영적으로는 선택받은 백성이 아닌 것처럼 보입니다.

혈통을 가장 중요하게 여기던 고대 이스라엘에서도 온전한 믿음을 품은 이방인이 하나님께 귀하게 쓰임을 받았다는 사실은 우리에게 큰 교훈을 줍니다. 혈통이 아니라 믿음이 우선이라는 것입니다.

혈통의 집착에서 벗어나기

한국에서 신앙생활을 하는 우리에게 유대인들이 우선시하는 혈통은 큰 의미가 없습니다. 하지만 그 비슷한 것은 여전히 존재합니다. 가문, 학력, 경제력, 권력, 명성, 직업 등의 '배경'이 그 자리를 차지하는 것으로 보입니다.

저는 갈렙처럼 나이 들고자 하는 사람은 배경의 편견에서 벗어나야 한다고 생각합니다. 오직 하나님의 기준만이 필요할 뿐입니다. 나의 배경이 무엇이든 과거에 무엇을 했든 문제될 것이 없습니다.

저는 은퇴설계 상담을 하면서 이런 혈통의 덫, 배경의 덫에 빠진 분들을 많이 만났습니다. 가문도 보잘것없고 부유하지 못하고 사회적 영향력이 없어서 앞으로도 뭔가 가치 있는 일을 하지 못할 것이라 여기는 분들이 있었습니다. 한편으로는 자신의 배경과 과거의 업적이 밝은 미래를 열어줄 듯이 착각하는 사람도 만날 수 있었습니다.

하지만 배경과 과거에 대한 의존은 끔찍한 결과를 가져옵니다. 세속적으로 볼 때 보잘것없는 배경을 가진 사람이 자존감을 잃고 움츠러들게 만듭니다. 소중한 기회와 은사를 땅에 묻어버리는 위축을 불러옵니다. 모두가 부러워하는 배경과 빛나는 업적이 가득한 과거를 가진 사람도 마찬가지입니다. 그 덫에 빠져서 헤어나오지 못한다면 아무것도 할 수 없습니다.

경영학자들은 큰 기업이 순식간에 망하는 중요한 이유 중 하나로 '과거 성공에 대한 기억'을 꼽습니다. 이것은 역설적입니다. 화려한 성공이 실패의 이유가 됩니다. 과거에 성공했던 방식에 집착함으로써 새로운 것을 받아들이지 않고 미래로 나아가지 않기 때문입니다. 세상의 시각으로도 배경에 집착하는 것이 그리 효과적이지 않습니다.

더욱이 갈렙처럼 나이 들기를 소망하는 그리스도인이라면 하루빨리 배경의 덫에서 나와야 할 것입니다. 크리스천에게 화려한 배경과 성공 경험은 본질적으로 허무하기 이를 데 없는 것입니다. 성경에서도 "너희가 허탄한 자랑을 하니 그러한 자랑은 다 악한 것이라(야고보서 4장 16절)"라고 지적하고 있습니다. 또한 사도 바울은 자신의 혈통, 가문, 교육 등의 모든 배경을 배설물로 여겼다고 고백했습니다.

갈렙은 하나님을 믿는다면, 그분의 약속을 신뢰하고 인내한다면, 나의 혈통이 무엇이든, 배경이 어떻든, 과거에 무엇이었든 상관없이 고귀한 일을 할 수 있다는 사실을 자신의 삶으로 증명했습니다.

남다른 나이 듦, 남다른 노후를 살기 위해서는 자신의 배경이 좋지 않은 것을 탓하지 말아야 합니다. 이와 마찬가지로 좋은 배경을 의지하거나 자랑해서도 안 됩니다. 하나님 한 분만을 믿고 그분만을 의지하고 나아가면 그것으로 충분하지 않을까요?

··

은퇴 후,
치열한 전투는 계속된다

그 날에 여호와께서 말씀하신 이 산지를 지금 내게 주소서 당신
도 그 날에 들으셨거니와 그 곳에는 아낙 사람이 있고 그 성읍들은
크고 견고할지라도 여호와께서 나와 함께 하시면 내가 여호와께서
말씀하신 대로 그들을 쫓아내리이다 하니 (여호수아 14장 12절)

안락한 노후의 꿈

저에게는 아주 멋들어진 미래를 꿈꾸는 친구 하나가 있습니
다. 이 친구는 입버릇처럼 "젊어서 바짝 일해서 돈을 번 다음에
일찍 은퇴해서 지중해에 요트를 띄우고 근사한 노년을 보내겠다"
고 말하곤 합니다. 그 친구는 인생 한 시절의 수고가 막을 내리
는 순간 안락한 휴식과 즐거움이 기다리고 있는 것처럼 상상하
고 있는 듯 합니다.

은퇴설계 상담을 할 때도 가끔 제 친구와 비슷한 생각을 가진 분들을 만나게 됩니다. 대체로 은퇴 전후를 나누어 삶의 양상이 완전히 바뀌게 될 것이라고 받아들입니다. 외국으로 이민을 떠나는 것과 같은 구체적인 단절의 계기를 갖는 분들도 계십니다.

그러나 오랜 경험을 통해 인생의 지혜를 터득한 분들은 삶의 환경이 그렇게 완전히 바뀌는 일은 잘 일어나지 않는다는 사실을 알고 있습니다.

은퇴를 앞둔 한 공무원 부부를 상담한 적이 있습니다. 이분들은 퇴직 후 매월 생활하기에 충분한 공무원연금을 받게 되기 때문에 경제적으로는 큰 걱정이 없었습니다.

저축한 돈으로 고향 인근에 땅도 사두고 근사한 전원주택도 지었습니다. 그 땅에 나무를 심어서 키우며 유유자적 노후를 보낼 계획이었습니다.

그런데 뜻하지 않은 곳에서 사달이 났습니다. 아들이 이혼한 겁니다. 그 아들에게는 자녀가 있었는데 도저히 키울 상황이 되지 않았습니다. 예기치 않게 손주를 보살피게 된 이 부부는 깊은 고민에 빠졌습니다. 전혀 계획에 없던 일이 생기는 바람에 부부의 오랜 바람은 물거품이 될 듯합니다.

그들은 나에게 이렇게 말해주었습니다.

"도무지 이 지긋지긋한 전쟁이 끝나지 않는군요."

광야의 전투, 가나안의 전투

이집트를 나온 이스라엘 민족은 40년 넘게 광야를 떠돌았습니다. 광야의 삶은 무척 고달팠을 겁니다. 음식과 물은 만족스럽지 않았습니다. 떠돌이 텐트 생활의 주거 환경이 좋았을 리 없습니다. 때로는 전염병이 돌았습니다.

이뿐만 아니라 여정 중에 여러 차례 전투를 벌여야 했습니다. 그러면서 40여 년의 세월이 흘렀습니다. 여호수아와 갈렙을 제외하고는 이집트를 나왔던 사람들은 모두 세상을 떠나고 그 후손들만 남았습니다.

나는 광야에서 고생한 이스라엘 사람들이 젖과 꿀이 흐르는 가나안에 입성하면서 삶이 확 꽃피웠을 거라고 어렴풋이 짐작해왔습니다. "행복하게 잘 살았다"는 전래동화의 결말처럼 말입니다. 그런데 공부해보니 그게 아니었습니다.

광야에서의 지긋지긋한 전투가 끝난 후에도 가나안에서의 새로운 전투가 기다렸습니다. 그런데 갈렙은 이 상황을 매우 자연스럽게 받아들였습니다. 갈렙이 보통 사람이었다면 모진 세월을 거쳐온 피로에 지쳤을 겁니다.

그런데 그는 가나안에서의 전투를 기쁘게 받아들입니다. 받아들이는 정도로 그치지 않고 오히려 전투를 자처하고 있습니다. 아낙 사람들을 쫓아내겠다고 말합니다.

은퇴는 휴식이 아니다

은퇴설계 교육과 상담을 하면서 깨닫게 된 사실 하나가 있습니다. 은퇴는 휴식이나 여가와 동의어가 아니라는 점입니다. 경제적으로 풍요롭다 하더라도 별다르지 않습니다. 은퇴 후 유유자적의 일상을 얻는 경우는 현실에서 극히 드뭅니다. 가끔 그런 분이 있긴 하지만 그 생활이 오래도록 만족을 주지는 않음을 보았습니다.

현실의 삶은 은퇴 후에도 은퇴 전과 마찬가지의 치열한 전투가 계속되는 현장이라고 할 수 있습니다.

'은퇴隱退'라는 말을 사전에서 찾아보면 "직임에서 물러나거나 사회활동에서 손을 떼고 한가히 지내는 것"입니다. 숨기다, 희미해지다, 사라지다 등의 뜻을 지닌 '숨길 은隱'과 그만두다, 물러나다, 피하다 등의 뜻을 가진 '물러날 퇴退'가 합쳐진 한자어가 은퇴입니다.

저는 은퇴라는 한자 표현을 좋아하지 않습니다. 현실이 그렇지 않은데다 그 뜻을 그대로 받아들이는 게 바람직하지 않다고 보기 때문입니다.

그 대신 영어 표현인 'retire'가 적합하다고 생각합니다. 이 단어는 '다시'를 나타내는 're'와 '타이어tire'가 합쳐진 말입니다. '타이어를 갈아 끼운다'는 뜻이 됩니다. 즉, '끝'이나 '단절'이 아니라 '새로운 시작'을 표현하고 있습니다.

나이가 들고 은퇴를 맞는다고 해서 길이 끝나지는 않습니다. 오히려 새로운 길이 펼쳐집니다. 타이어를 새로 갈아 끼우고 새로운 길을 달려야 합니다.

크리스천의 서드 에이지

선진국에서는 인생을 3단계로 표현하는 경향이 있습니다. 첫 번째는 '퍼스트 에이지first age'로 부모님과 살며 학교에서 교육을 받는 단계입니다. 두 번째는 '세컨드 에이지second age'로 성인이 되어 독립하여 경제활동을 하고 가정을 꾸리며 생활을 영위하는 단계입니다. 세 번째는 '서드 에이지third age'인데 퇴직 후에 새로운 인생을 사는 시기를 말합니다. 이 서드 에이지는 은퇴 후의 삶을 부르는 새로운 이름이 되고 있습니다.

인생을 3단계로 나눈 것은 모세의 삶과 비슷해 보입니다. 모세는 40세까지 이집트의 궁정에서 교육을 받으며 자랐습니다. 40세 이후에는 광야에서 양을 치며 살았습니다. 그리고 80세가 되어서 이스라엘 민족의 지도자로 부르심을 받고 그 사명을 수행했습니다. 모세의 경우 세 번째 인생의 단계가 가장 중요하고 큰 의미가 있습니다.

갈렙의 삶도 이집트에서 이방인의 삶, 출애굽 후 광야 생활, 가나안에서의 삶으로 나누어 생각해볼 수 있을 것 같습니다.

신앙의 선조들의 발자취를 볼수록 노년의 의미는 더 명확해짐

니다. 그것은 고된 인생 여정을 통해 단련한 신앙과 인격, 지혜를
바탕으로 후세대를 이끌고 지도하는 숭고한 사명이 아닐까요?

나이가 들고 은퇴한다 해도 전투는 끝나지 않습니다. 아니 오
히려 더 치열하고 큰 싸움이 전개될 것입니다.

· ·

존경의 회복을 위하여

너는 센 머리 앞에서 일어서고 노인의 얼굴을 공경하며 네 하나님
을 경외하라 나는 여호와이니라 (레위기 19장 32절)

노인을 존경하지 않는 시대

동서고금을 막론하고 노인에 대한 존경은 보편적인 가치였습
니다. 특히 성경은 노인을 공경하고 그들의 지혜를 경청할 것을
강조하고 있습니다. '장로長老'라는 말은 노인의 지혜와 리더십을
잘 보여줍니다.

아버지 솔로몬을 이어 이스라엘 왕이 된 르호보암은 지혜로운
노인들의 조언을 무시하고 자기 또래 참모들의 말만 듣고 백성을
억압했습니다. 결국 이스라엘이 둘로 쪼개지는 처참한 불행을 겪
게 됩니다. 르호보암은 노인의 지혜를 존중하는 일이 얼마나 중

구이도 레니 〈베드로〉

요한지를 미처 깨닫지 못했습니다.

우리 사회에도 이런 위기의 조짐이 보입니다. 고령화 사회로 진입할수록 부정적 현상이 더 심해지는 것 같습니다. 노인 존중 정신이 사회의 규범과 가치로 확고히 자리를 잡아도 부족할 터인데 말입니다.

극단적으로 표현하자면 일선에서 은퇴한 사람들을 '귀찮은 짐' 정도로 생각하는 경향이 굳어지고 있다는 인상을 지울 수 없습니다. 여론의 향방이 집결된 TV, 신문, 인터넷 매체의 어투에는 젊은 세대의 앞길을 막거나 그들에게 무거운 부양 책임을 지우는 고루하고 무능한 노인 세대의 이미지가 진하게 배어 있습니다.

정년 연장이나 노인 취업 활성화 논의가 나오면 청년 실업이 가속화될 것이라는 부정적 전망이 뒤따르기 마련입니다. 복지제도에 대해서도 노인 의료비 비중이 과도해서 건강보험 재정이 부실해지고 기초연금이나 국민연금이 젊은이들의 주머니를 강탈한다는 뉘앙스로 가시 돋친 말을 일삼는 이들도 있습니다.

은근히 아니면 노골적으로 세대 간 갈등을 부추기는 사람들도 있습니다. 특히 정치적 이슈가 첨예할 때면 더 그렇습니다. 기득권과 편견에 사로잡힌 노인들이 개혁을 막아선다는 식의 논의가 무성하곤 합니다.

누가 짐인가?

나이 든 사람들 때문에 젊은이들의 짐이 무겁다는 이야기가 무성하지만, 현재의 실상은 전혀 그렇지 않습니다. OECD의 2014년 통계를 보면 우리나라 고령자는 정년퇴직 후에도 가장 늦은 나이까지 일하는 것으로 조사되었습니다.

경제적인 이유가 가장 큰데, 자신이 잘살기 위해서가 아니라 자녀를 위해서 오래도록 일하고 있습니다. 자녀를 공부시키고, 시집·장가보내고, 집 한 칸 마련해주기 위해서, 그리고 분가한 자녀를 뒷바라지하기 위해서 힘겹게 돈을 법니다.

자녀에게 살점을 모두 떼어주고 뼈만 앙상하게 남은 가시고기가 험난한 파도를 헤쳐나가고 있는 게 우리나라 고령층의 현실입니다. 젊은 층이 노년층을 부양하는 게 아니라 노인들이 성인 자녀를 떠받치고 있는 게 우리 사회의 모습입니다.

저는 은퇴 상담을 하면서 혹시 자신이 나중에 자녀의 짐이 되면 어쩌나 하고 걱정하는 분들을 수없이 만나보았습니다. 더 해줄 것과 남겨줄 것이 많지 않아 미안한 마음을 품고 있는 분들도 많았습니다.

그러나 아랫세대들은 이런 윗세대의 마음을 전혀 헤아리지 못하고 있습니다. 뭔가 얻어낼 게 있을 때에는 머리를 숙이다가 힘이 없어지면 외면하기 일쑤입니다. 심지어 자신의 부모에게도 그렇게 합니다. 참으로 뻔뻔하고 냉혹한 세상입니다.

퇴임식이 사라진 시대

몇몇 고위직에 속한 사람이 아니면 수십 년을 일하던 직장을 나올 때 번번한 퇴임식을 치르지 못하고 쓸쓸히 자리를 떠나곤 합니다. 회사 전체에서 퇴임식이 없다 하더라도 부서나 가족 단위에서 조촐한 자리를 마련할 법도 한데 그러지 않는 것이 대부분입니다.

교회에서도 마찬가지입니다. 집사, 권사, 장로의 임직식은 주위의 축하와 격려 속에 성대하게 치러지는데 퇴임식은 아예 열리지 않거나 너무 간단하게 끝나버립니다.

직장이든 교회에서든 지금까지 맡아왔던 직임을 내려놓고 새로운 출발을 하는 어르신들에게 지난 세월의 노고에 대해 깊은 존경과 감사를 표시하고 앞으로의 새로운 도전을 축하하고 격려하는 일은 너무나 당연합니다. 그러나 우리에게 이런 문화는 존재하지 않습니다.

이것은 나이 드는 이들에 대한 우리 공동체의 무관심을 드러내는 일입니다. 또한 저 같은 젊은 세대의 책임입니다. 젊은이들은 수도 없이 의미 없는 파티를 벌입니다. 심지어 연애한 지 100일, 200일이 되면 이벤트를 하는 세상이 아닙니까?

퇴임식은 떠나는 사람의 기분을 좋게 하는 일회성 이벤트가 아닙니다. 의식적으로 의미 있는 변화를 준비하게 하는 계기가 되기도 합니다. 퇴임식을 맞아 앞으로의 진로를 발표하기 위해서는 그전에 구체적인 준비를 해야 하기 때문입니다.

저는 가족이나 소그룹 단위의 퇴임식 그리고 퇴임 예배 문화가 정착되기를 소망해봅니다. 그래서 우리 연구소에서도 이를 위한 준비를 하고 있습니다.

한국 사회와 교회의 역할

나이 든 사람을 존경하지 않는 풍토는 하루빨리 사라져야 합니다. 더구나 편견을 갖고 적대감을 표현하는 것은 인종차별이나 성차별과 다를 바 없는 몹쓸 짓입니다. 이것이 확산되어 르호보암 때의 이스라엘이 겪었던 불행으로 이어져서는 안 될 것입니다. 이를 위해서는 사회 전체의 변화가 필요합니다.

한국 사회는, 특히 교회 공동체는 나이 들어가는 세대를 존경해야 합니다. 이분들의 역할이 커질 수 있도록 구체적 방안을 찾아야 합니다. 은퇴하고 나이 들었다고 해서 훌륭한 분들이 하루아침에 보잘것없는 사람으로 변하지는 않습니다. 나이 든 분들의 믿음과 인품, 지혜와 통찰력이 우리 사회의 모든 영역에 스며들어 또 다른 발전을 이루도록 사회 전체가 합심해서 노력해야 합니다.

이런 점에서 나이 든 사람에 대한 존경과 배려는 사회와 교회의 중요한 역할이기도 합니다. 그리고 청춘을 바쳐 열심히 헌신한 사람들이 나이 든 후에 존경을 받을 수 있음을 젊은 세대에게도 분명히 보여주어야 합니다.

나이 든 사람으로서의 자존감 회복이 먼저

우리 시대가 나이 든 사람을 존경하지 않는 것은 어쩌면 나이 든 세대 스스로 그것을 포기했기 때문일 수도 있습니다. 즉, 자존감을 잃어버린 결과로 볼 수 있습니다. 자존감은 자신을 존중하고 그 소중한 가치를 깨닫는 마음입니다. 특히 크리스천은 하나님의 자녀라는 인식을 바탕으로 하나님이 주신 자기 존재와 생명을 소중히 여겨야 할 것입니다.

나이 듦에 대한 존경을 회복하기 위해서는 나이 든 사람으로서 자존감을 회복하고 나이 드는 것을 긍정적으로 받아들이는 일이 더 시급하다고 생각합니다. 그러려면 사회의 차별과 편견의 시선을 아무 문제의식 없이 수용하면 안 됩니다.

나이 든 사람들은 자신이 가족과 사회의 짐이 되지 않을까 염려합니다. 사회가 가진 부정적 인식을 자신에게 그대로 투사하는 것입니다. 질병에 시달리고, 할 일 없이 배회하고, 꽉 막힌 소리를 해대며 고집을 피우고, 젊은 사람들이 슬슬 피하는 인기 없는 존재로서의 이미지에 사로잡힙니다.

그래서 나이가 들수록 더 돈이나 지위에 집착하는 사람들도 있습니다. 그것이라도 있어야 존중받을 수 있다고 생각하기 때문입니다. 하지만 이것은 좋은 방법이 아닙니다. 돈이나 지위는 진정한 존경을 불러올 수 없습니다.

그보다는 나이 듦의 영성을 회복해야 합니다. 저는 나이 듦의 영성을 하나님 안에서 나이 듦의 의미를 발견하고 여기에 감사하며 새로운 사명을 깨달아 성실히 섬기는 것이라 정의합니다. 이런 나이 듦을 위해 마음을 다시 추슬러야 합니다. 분별없는 사람들의 잘못된 인식이나 부정적 이미지, 편견과 차별에서 벗어나야 합니다. 그리고 스스로 만든 부정적 이미지를 극복하고 나이 든 이로서 존엄을 회복해야 합니다.

하나님께서 인도해오신 과거를 되돌아보며 영적 자존감을 품고 나이 듦 그 자체와 나이 든 후의 삶에 대해 긍정적 이미지를 가질 필요가 있습니다. 그동안 쌓아온 신앙과 인격, 경륜과 통찰력, 지혜, 인맥, 기술과 노하우가 다른 영역에서 절실히 요구되는 것임을 알고 자신감과 적극성도 발휘할 필요가 있습니다.

갈렙처럼 나이 들기 위해서는 자존감 회복이 전제되어야 합니다. 물론 이 자존감은 하나님 안에 있어야 합니다. 갈렙은 노년의 나이에도 "여호와께서 나와 함께 하시면 내가 여호와께서 말씀하신 대로" 큰일을 이룰 수 있음을 확신했습니다. 내가 잘나고 유능하기 때문에 뭔가 할 수 있는 게 아니라 하나님께서 함께하시기 때문에 못할 것이 없다고 믿었습니다.

노년 갈렙이 가졌던 자존감은 우리 사회에서 그리고 교회 공동체에서 나이 든 사람에 대한 존경을 불러오는 출발이 될 겁니다. 이 자존감을 품기 위해 재산이나 지위, 건강, 지식, 화려한 업적 등이 필요한 것은 아닙니다.

　나이 들었다고 해서, 건강이 예전 같지 않다고 해서, 해줄 것이 별로 없다고 해서, 남길 것이 없다고 해서 결코 짐이 되지는 않습니다. 지금까지 그러했듯 앞으로도 하나님께서 함께하시리라는 굳건한 믿음이 있다면 갈렙이 그랬듯 노년에도 산지를 개척하게 될 겁니다.

· ·

나이 듦과 은퇴는
축복이다

아브라함이 나이가 많아 늙었고 여호와께서 그에게 범사에 복을
주셨더라 (창세기 24장 1절)

늙었기 때문에 행복한 사람들

『대화』라는 제목을 단 여성 원로 네 분의 대담집이 있습니다.
이 책은 삶에 대한 깊은 성찰이 잘 우러나와서 묵직한 감동을 줍
니다. 대담에 참여한 분들은 나이 듦에 대해 남다른 해석을 내립
니다. 원로 화가 방혜자 선생은 "나이 먹어 슬픈 게 아니라, 깨어
있는 눈과 마음을 가져 기쁩니다"라고 말했고 원로 역사학자인
이인호 교수는 "요즘은 늙었기 때문에 생기는 자유를 느낍니다"
라고 말했습니다. '안티 에이징'이라는 단어가 대유행이듯이 나
이 듦을 달갑게 받아들이는 사람이 그리 많지 않은 현실에서 이

분들의 말에는 큰 울림이 있습니다.

젊디젊은 제가 나이 듦이 축복이라고 말하는 것은 너무나 외람됩니다. 하지만 은퇴설계라는 일을 하면서 관련 분야를 공부하고 성경을 읽을수록 나이 듦에 축복이 숨어 있다는 사실을 점점 더 확실히 깨닫게 되었습니다.

몹시 완고한 아저씨 한 분이 있었습니다. 그분은 무슨 이유인지 교회를 지독하게 싫어했습니다. 이웃의 크리스천들이 그를 위해 기도하며 전도하려 했지만, 그는 마음의 문을 닫고 요지부동이었습니다. 그렇게 긴 세월이 흘렀습니다. 완고한 아저씨의 머리는 하얗게 세었고 병을 얻어 세상을 떠나게 되었습니다. 그런데 그의 빈소를 찾은 이웃 주민들은 깜짝 놀랐습니다. 기독교식 장례를 치르고 있었기 때문입니다. 이게 어떻게 된 일일까요? 그의 아들이 자초지종을 설명해주었습니다.

"아버지는 신앙생활을 하는 저를 몹시 싫어했습니다. 저와 제 아내를 볼 때마다 죽어서 제삿밥도 못 얻어먹게 되었다고 혀를 차곤 하셨죠. 그런데 어느 주일 아침에 갑자기 저희 집에 찾아오셨습니다. 같이 교회에 가자고 하시더군요. 예배 시간 내내 눈물을 흘리셨습니다. 젊어서는 눈에 허물이 붙어 있어 안 보였는데 나이가 들어서는 조금씩 진리가 보이기 시작했다고 하셨습니다. 그 후 1년 넘게 열심히 신앙생활을 하시다가 가셨죠. 유언은 두 가지를 남기셨습니다. 안 믿는 가족들이 당장 교회에 나갈 것. 장례는 기독교장으로 치를 것입니다."

노년에 회심하는 분들이 뜻밖에 많이 계십니다. 당대의 지성으로 손꼽히는 이어령 교수는 기독교에 대해 회의적이었는데 어느 날 기독교인이 되어 세상 사람들을 놀라게 했습니다.

나이 든 사람이 더 편견이 강하다고 하지만 저는 나이 듦 속에 숨어 있는 지혜가 그를 하나님께 더 가까이 이끈다고 믿습니다. 음악가 바흐는 "우리는 젊을 때 배우고, 늙어서 이해한다"고 했습니다. 하나님을 아는 지혜와 깊은 영성을 갖도록 이끄는 나이 듦이야말로 축복 중의 축복이 아닐까요?

나이 듦은 성숙을 의미합니다. 이런 성숙은 변화의 결과이기도 하지만 변화의 계기로 작용할 수도 있습니다. 그래서 믿지 않던 사람도 경험을 통해 지혜를 쌓으면 하나님께 가까이 가고 싶은 마음이 생깁니다.

더욱이 크리스천이라면 오랜 신앙생활을 통한 변화의 결실이 자연스럽게 우러나오게 됩니다. 하지만 이것은 하나님과 동행하며 성화의 길을 걸었을 때만 가능한 일일 겁니다. "어른이라고 지혜롭거나 노인이라고 정의를 깨닫는 것이 아니(욥기 32장 9절)"기 때문입니다.

축복의 통로가 되는 노년

갈렙에게 나이 듦은 축복이었습니다. 노년에도 그는 건강하고

총명했습니다. 수십 년 광야의 고초 속에 하나님의 인도를 체험하며 믿음이 더 견고했습니다. 그런 믿음과 통찰력을 가졌기에 "이 산지를 주소서"라고 말할 수 있었던 것입니다.

미국의 전 대통령 지미 카터는 대통령 재임 시절보다 퇴임 후에 더 많은 일을 하고 존경을 받는 인물입니다. 그는 신실한 그리스도인입니다. 그는 나이 드는 것의 미덕을 두 가지로 표현했습니다. 하나는 '특별한 은혜'이고 다른 하나는 '존경할 만한 품성'이라고 합니다. 달리 표현하자면 "나이 드는 것의 미덕은 우리가 나이 들어가면서 받게 될 축복과 다른 사람에게 도움을 주는 것이라는 두 가지 의미를 포함한다"고 합니다.

저는 이 말을 나이 들어갈수록 축복을 받을 뿐만 아니라 다른 이들에게 그 축복을 전하는 통로가 될 수 있다는 의미로 받아들입니다. 다만 나이 듦의 축복은 숨어 있기 때문에 겉으로는 잘 드러나지 않습니다. 그러나 깨어 있는 영성의 눈으로 바라보면 밝게 드러납니다. 그러므로 이것을 볼 수 있도록 훈련을 해야 합니다.

은퇴도 축복이다

은퇴설계 상담을 하다 보면 대체로 은퇴에 대해 부정적 감정을 가지고 있음을 발견할 수 있습니다. 그런데 은퇴하기 싫을 정도로 그 일을 사랑하시는지 질문해보면 그렇지 않습니다. 그 일보다는 그 자리가 주는 보수와 지위, 명예를 잃는 게 두렵다는 대답이 대부분입니다.

물론 수입이 끊기고 자신의 사회적 존재 가치가 줄어드는 은퇴를 기쁘게 받아들이는 것은 쉽지 않습니다. 하지만 몇몇 욕망을 내려놓고 생각하면 은퇴는 크나큰 기회요 축복입니다.

일과 생계에 매여서 돌아보지 못했던 소중한 것들을 챙길 수 있는 시간을 얻을 수 있습니다. 지금까지와는 전혀 다른 새로운 일에도 도전할 수 있습니다.

은퇴 후에 그간 분주했던 일을 내려놓고 사회선교와 의료선교 등에 투신하게 되면서 비로소 삶의 가치를 발견했다고 간증하는 분들을 만나보았습니다. 그분들은 은퇴 전의 일과 생활이 이 일을 위한 준비 과정이었음을 깨닫는다고 말합니다. 그분들은 하나같이 은퇴가 축복이었다고 고백하고 있습니다.

갈렙처럼 나이 들기 위해서는 나이 듦을 바라보는 관점을 바꾸어야 할 것입니다. 나이 듦과 은퇴는 어쩔 수 없이 맞이해야 하는 불행이 아닙니다. 그것은 하나님께서 주신 크나큰 축복입니다.

. .

2

갈렙과 나이 듦의 법칙

두려움을 극복하고 비전을 품어라

열 명의 정탐꾼이 본
가나안

그와 함께 올라갔던 사람들은 이르되 우리는 능히 올라가서 그
백성을 치지 못하리라 그들은 우리보다 강하니라 하고 이스라엘
자손 앞에서 그 정탐한 땅을 악평하여 이르되 우리가 두루 다니
며 정탐한 땅은 그 거주민을 삼키는 땅이요 거기서 본 모든 백성
은 신장이 장대한 자들이며 거기서 네피림 후손인 아낙 자손의
거인들을 보았나니 우리는 스스로 보기에도 메뚜기 같으니 그들
이 보기에도 그와 같았을 것이니라 (민수기 13장 31절~33절)

두려움이라는 본능

가나안을 둘러보고 온 열 명의 정탐꾼들은 절망적인 보고를
했습니다. 우선 그들은 가나안에서 가져온 과일들을 보여주며 그
땅이 젖과 꿀이 흐르는 아름다운 곳임을 말하였습니다. 하지만

성곽이 크고 견고한데다 거주민이 강해서 도저히 정복할 수 없을 것이라 말했습니다. 자신들은 그 사람들에 비하면 메뚜기나 다름없다고 자괴감을 드러내었습니다.

이 보고를 들은 이스라엘 백성들은 두려움에 휩싸였습니다. 차라리 이집트나 광야에서 죽는 것이 나았다고 말합니다. 이집트로 돌아가자고 공공연하게 이야기하는 사람도 있었습니다.

열 명의 정탐꾼들이 거짓을 말하지는 않았을 겁니다. 그들의 눈에 들어온 사실 그대로를 솔직하게 말한 것입니다. 그들에게 공포와 절망이 일어난 것은 어쩌면 자연스러울지도 모릅니다. 저는 이들의 두려움에 대해 믿음이 없다고 탓할 자격이 없습니다. 저 역시 살아가면서 이런 두려움에서 헤어나오지 못할 때가 수없이 많기 때문입니다.

크고 강한 사람들의 세상

자본주의 사회에서 돈은 막강한 힘을 발휘합니다. 사업하면서 작은 사무실 하나 유지하는 것이 버거울 때면 으리으리한 수십 층 건물을 소유한 사람이 대단해 보입니다. 이들이 내 운명을 좌지우지할 수도 있다는 생각이 들 때가 많습니다. 이들에게 주눅이 들고 부당하게 머리를 숙여야 할 순간들이 찾아옵니다. 어떨 때는 하고 싶은 모든 것을 거리낌 없이 누릴 수 있는 이들에게 부러움을 느끼기도 합니다. 열 명의 정탐꾼들 역시 가나안의 풍요

앞에서 큰 두려움을 느꼈을 겁니다. 만나와 메추리기로 연명하고 텐트에서 유숙하는 가난한 자신의 모습이 더욱 초라하게 보였을 겁니다.

저는 대학 졸업 후 국회에서 국회의원의 입법활동을 보좌하는 일로 사회생활을 시작했습니다. 그래서 권력의 생리에 대해 조금 아는 편입니다. 우리 사회에서 권력은 막강한 영향력을 행사합니다. 전화 한 통화로 안 되는 일을 되게 만들 수도 있습니다. 거액의 예산을 자신의 의도대로 움직일 수 있으며 자신이 싫어하는 사람에게 위해를 가할 수도 있습니다. 가나안 지역의 크고 견고한 성곽은 잘 짜인 권력 체계 안에서 존재했습니다. 이것을 보며 열 명의 정탐꾼들은 현실적인 공포를 느끼지 않을 수 없었을 겁니다.

우리나라는 강대국의 틈바구니에 끼어 있습니다. 북한에서는 연일 핵으로 위협을 합니다. 전쟁의 공포가 늘 우리 가운데 있습니다. 전쟁까지는 아니더라도 우리는 폭력에 노출되어 있습니다. 야만의 시대가 끝났다고 하지만 학교에서는 힘센 아이가 약한 아이를 때리고 위협하는 일이 흔하게 일어납니다. 우리는 흉기를 휘두르며 위협하는 사람들을 피하려 합니다. 크고 완력이 강한 사람들에게 두려움을 느끼는 것은 출애굽 시대의 이스라엘 민족이나 지금의 우리에게나 다를 바가 없습니다.

저는 큰 복을 받아 대학에서 공부를 마치고 대학원까지 진학

니콜라스 〈가나안 정탐〉

했습니다. 그런데도 학벌이 센 사람들을 만날 때면 주눅이 들 때가 있습니다. 국내는 물론 세계 최고의 명문 대학에서 공부한 사람들이 많습니다. 그들은 실로 대단한 지식을 가지고 있습니다. 복잡한 첨단 기기를 만들어내고 사회 현상의 난맥상을 간결하게 해석하고 예측하기도 합니다.

길을 가다가 마주치면 누구나 한 번쯤은 뒤돌아보게 하는 아름다운 용모를 가진 사람도 있습니다. 어린아이부터 노인들까지 조각 같은 얼굴과 날씬한 몸매를 가진 아름다운 사람들을 따르고 좋아합니다.

이렇게 잘난 사람들이 세상을 움직입니다. 돈과 권력, 지식과 명성, 힘과 용모를 가진 이들을 도저히 이길 수 없을 것 같습니다. 그런 점에서 저는 메뚜기나 다를 바 없습니다. 이들과 맞서는 일은 어리석어 보입니다. 이들에게 잘 보이거나 최소한 피해를 입지 않도록 피하는 쪽이 현명한 것 같습니다.

은퇴 상담을 하다 보면 이런 세상에 대해 두려움을 느끼는 분들을 자주 만날 수 있습니다. 강한 자들의 틈바구니에서 패배와 고통, 좌절을 겪은 세월이 누적되어 자신이 그야말로 메뚜기 같다고 토로하는 분들도 계십니다.

더구나 이제 나이 들어가며 젊음과 활력도 잃었는데 무엇을 할 수 있겠느냐고 절망감을 표현합니다. 괜히 잘난 사람들 틈바구니에 끼어서 득이 될 일이 없다며 적당히 노후를 이어가면 된다고 이야기하기도 합니다.

 안타깝지만 이런 두려움을 겪는 일은 기독교인이라고 해서 예외는 아닌 것 같습니다. "나는 가진 게 없고 할 수 있는 게 없다"고 두려움과 절망을 드러내곤 합니다. 운명한 후 가나안 즉 천국은 얻게 되겠지만, 현실에서의 가나안과 새로운 비전은 남의 일처럼 느낀다고 하십니다.

 이런 두려움은 자연스러워 보이지만 그렇다고 정당한 것은 아닙니다. 성경에서는 수도 없이 "두려워하지 말라"고 명령합니다. 그렇지만 힘센 자들이 움직이는 견고한 세상에서 어떻게 두려움을 느끼지 않을 수 있을까요?

 분명한 답은 있습니다. 갈렙과 여호수아는 같은 곳을 정탐했지만 전혀 다른 것을 보았습니다. 그들은 두려움을 느끼지 않았습니다. 그들이 무엇을 보았는지 알면 우리 두려움의 실체도 분명해지지 않을까요?

· ·

여호수아와 갈렙이 본
가나안

그 땅 백성을 두려워하지 말라 그들은 우리의 먹이라 그들의 보
호자는 그들에게서 떠났고 여호와는 우리와 함께 하시느니라 그
들을 두려워하지 말라 하나 (민수기 14장 9절)

세상이 아니라 하나님을 바라보라

갈렙과 여호수아도 가나안 지역을 두루 살피면서 다른 열 명
의 정탐꾼들이 본 것과 똑같은 장면을 목격했습니다. 하지만 두
사람은 전혀 다른 보고를 내놓았습니다. 가나안 주민과 비교하
면 자신들은 메뚜기나 다름없다는 열 명의 정탐꾼들과는 달리
"그들은 우리의 먹이라"고 평가하고 있습니다. 요즘 말로 '밥'이라
는 겁니다.

어떻게 이렇듯 상반된 진단을 내릴 수 있을까요? 혹시 현실을

무시한 과잉 자신감은 아니었을까요? 갈렙과 여호수아가 무조건 이길 것이라 예언한 이유는 간단합니다. 하나님께서 이스라엘 민족과 함께하시기 때문입니다. "그들의 보호자는 그들에게서 떠났고 여호와는 우리와 함께 하시느니라"라는 구절에서 그 믿음을 엿볼 수 있습니다.

갈렙과 여호수아는 불가능한 것을 가능하게 하시는 하나님을 능력을 보았습니다. 두 사람은 그것을 잊지 않았습니다. 하나님께서는 10가지 재앙을 내리시며 세계 최강대국 이집트의 왕을 꼼짝 못하게 만드셨습니다. 홍해에서는 바다를 갈라서 추격하던 군대를 수장시키셨습니다. 만나와 메추라기를 내려주어 굶주리지 않게 하셨고 사막에 샘을 열어 마실 물을 주셨습니다. 또한, 구름기둥과 불기둥으로 앞길을 인도하셨습니다. 호렙 산에서는 불신으로 우상숭배를 범하는 백성들을 크게 질책하기도 하셨습니다.

이렇듯 전지전능한 하나님께서 친히 민족의 지도자가 되시며 가나안을 얻을 것을 약속하셨습니다. 그곳 거주민들이 제아무리 강하다 한들 싸움도 되지 않을 겁니다.

갈렙과 여호수아가 본 것들

저는 갈렙과 여호수아가 가나안 거주민의 강함 뒤에 감추어진 약함을 보았다고 생각합니다. 그들의 보호자가 그들을 떠났다는

©photopark

보고에서 그 사실을 짐작할 수 있습니다. 성경에 직접 기록된 부분이 아니기에 매우 조심스럽지만, 저는 그 당시에 이런 일이 벌어지지 않았을까 상상해봅니다.

하나님의 인도 아래 이집트를 탈출한 이스라엘 민족의 소문은 가나안에 급속도로 퍼졌을 겁니다. 광야를 오가는 상인들이 이 소식을 전하지 않았을까요? 무시무시한 재앙 앞에 이집트의 파라오가 결국 무릎을 꿇은 이야기, 이집트 군대가 추격전을 벌이다 홍해에서 몰살당한 이야기, 광야에서 일어난 여러 기적에 대한 소식은 그들의 마음을 두렵게 했을 겁니다.

가나안 사람들은 설마 그런 일이 있겠느냐고 애써 위로했을 겁니다. 하지만 이스라엘 민족이 그들을 향해 조금씩 진군 중입니다. 그들의 두려움은 점점 더 현실로 다가오고 있었을 겁니다. 그들은 아마 그들의 신을 향해 제사를 지내며 울부짖었을지도 모릅니다. 물론 아무런 응답이 없었겠지요.

가나안의 신은 물질적 풍요를 주는 농경의 신입니다. 자연의 흐름 속에서 죽음과 부활을 반복합니다. 한마디로 풍성한 수확을 위한 그들의 도구이지, 진정한 지도자요 구원자가 될 수 없었습니다. 가나안 주민은 무력감에 빠졌습니다. 하루하루 불안에 떨고 있었습니다.

그들이 쌓아올린 높고 견고한 성곽도 언제 무너질지 모릅니다. 그들은 풍요로웠지만 공의롭지는 않았습니다. 부당한 착취와 억

압이 그들 속에 존재했습니다. 불의와 부패로 기반이 흔들리고 있었습니다. 폭력과 종교적 메시지로 권력을 유지해왔지만, 진짜 신을 모신 군대가 들어온다면 지금까지의 거짓말이 낱낱이 드러날 겁니다. 반란이 일어나 스스로 무너질지도 모릅니다.

저는 여호수아와 갈렙이 가나안의 이런 불의와 부패, 근원적 공포를 읽었으리라 생각해봅니다. 전지전능하고 공의로운 하나님을 지도자로 삼은 이스라엘 민족과 보호자도 없이 갈팡질팡하는 불의한 족속들과의 싸움이 어떤 결과를 낳을지는 너무나도 자명했습니다. 그들은 이런 영적 안목과 믿음을 갖고 있었기에 승리를 자신할 수 있었습니다.

하나님 안에서 두려움은 없다

때로는 세상이 너무 강해 보입니다. 우리의 무력한 힘으로는 상대하기 힘든 것 같습니다. 똑똑하고 잘나고 부유하고 강한 사람들이 세상을 움직이는 것처럼 보입니다. 약하디약한 우리는 그 틈바구니에서 숨쉬기조차 힘들 것 같습니다. 나이 듦의 과정에 있는 사람에게는 더 큰 두려움이 찾아옵니다. 나이가 들어가며 신체적 활력이 떨어집니다. 언제 직장에서 물러나야 할지도 모릅니다. 가진 것도 부족합니다.

하지만 영적인 안목을 가지면 상황이 다릅니다. 눈에 보이는 것들은 모두 피조물입니다. 이것을 창조한 분이 내 아버지가 되십니다. 두려워할 이유가 없습니다.

하나님께서 그 속에 계시지 않는다면 돈이든 권력이든 명성이든 아무것도 아닙니다. 모래성처럼 바람에 휘날려 갈 뿐입니다. 이렇듯 허망한 실체 앞에 무서워하며 무릎을 꿇는 일은 너무나 어리석습니다. 하나님께서는 불안에 떠는 이스라엘 민족을 질책하셨습니다. 그 두려움은 불신앙과 다름없다고 하셨습니다. "이 백성이 어느 때까지 나를 멸시하겠느냐 내가 그들 중에 많은 이적을 행하였으나 어느 때까지 나를 믿지 않겠느냐"라고 꾸짖으셨습니다.

결국 두려워한 이스라엘 민족은 가나안 복지를 얻지 못했습니다. 두려움을 이긴 여호수아와 갈렙만이 광야에서 생존하여 가나안 땅을 차지하였습니다.

갈렙처럼 나이 들기를 원하는 우리는 영적 안목을 가져야 합니다. 저는 자연재해가 일어날 때마다 인간이 얼마나 무력한지 깨닫습니다. 대형 사고가 나고 비리 스캔들이 터질 때마다 견고해 보이는 사회 시스템이 불의로 가득함을 확인합니다. 튼튼하고 지혜로워 보이는 세상이 실은 부실하고 어리석기까지 합니다.

우리가 세상을 두려워할 이유는 전혀 없었습니다. 옛날 가나안 거주민들이 그랬던 것처럼 세상은 병들고 지치고 두려움에 가득 차 있습니다. 우리는 하나님 안에서 자신감을 갖고 그 속으로 들어가야 합니다. 우리가 싸워서 이겨야 할 일들이 무척 많습니다. 불의가 있는 곳에서 정의를 행하고 분쟁이 있는 곳에 화해를 가져와야 합니다. 우는 이를 위로하고 두려워하는 이들에게 주님의 평안을 전해야 합니다.

갈렙처럼 나이 들기를 원한다면 세상을 이기는 담대함을 가져야 할 것입니다. 영적인 안목으로 볼 때 나이 듦은 약해짐이 아닙니다. 더 깊고 지혜로워지는 것입니다. 저 가나안 땅이 우리를 부르고 있습니다. 승리는 이미 예정되어 있습니다. 두려움 없이 그것을 차지해야 합니다.

무엇을 두려워하십니까?

그러므로 우리가 담대히 말하되 주는 나를 돕는 이시니 내가 무서워하지 아니하겠노라 사람이 내게 어찌하리요 하노라 (히브리서 13장 6절)

나이 듦에 대해 두려운 것들

나이 듦과 은퇴에 대한 공포가 기승을 부리는 시대입니다. 고령화가 진전되고 베이비붐 세대의 은퇴가 막 시작되면서부터 이런 분위기는 더욱 확산되는 실정입니다. 여기에 그 공포를 매개로 상품을 파는 사람들이 나이 듦에 대한 두려움을 더욱 부채질하고 있습니다.

그들은 나이가 들면 무조건 일을 잃고 권위와 존경을 상실할 것처럼 이야기합니다. 심지어 자녀조차 자신을 돌아보지 않을 것이라고 말합니다. 그러니 믿을 것이라곤 돈밖에 없습니다.

충분한 돈을 갖춘 사람에게는 감투를 쓰라고 꼬드깁니다. 그 럴듯한 자리야말로 노년을 빛내줄 최고의 가치라고 현혹합니다. 그래서인지 세상에는 이런저런 자리가 넘쳐납니다. 그 대부분은 돈을 받고 파는 자리입니다.

하나님께 인생을 맡긴 그리스도인이라면 그렇지 않아야 하는 데 육신을 가지고 삶을 살아가야 하는 처지인지라 믿지 않는 사람들과 똑같은 불안에 휩싸이기도 합니다. 우리는 나이 듦에 대해 무엇을 두려워하고 있는 것일까요? 그것은 두려워할 만한 것들일까요? 우리가 진정으로 두려워해야 할 것들은 무엇일까요? 제가 현장에서 은퇴 상담을 하며 느낀 것들을 몇 가지 이야기해 볼까 합니다.

돈

은퇴 상담을 해보면 사람들이 공통적으로 두려워하는 영역이 바로 돈 문제입니다. 지금 저축한 것이 별로 없는데 노후에 어떻게 살지 막막하다는 겁니다. 그래서 금융업계에서는 은퇴설계를 연금설계와 동일하게 보기도 합니다. "행복한 노후를 위해 얼마가 필요한가?"는 빠지지 않고 등장하는 질문입니다. 그럴 때마다 저는 몹시 난처해집니다. 어떤 노후를 그리느냐에 따라 다르기 때문입니다. 그리고 얼마가 필요하다고 해서 모두가 그 돈을 저축

할 수 있는 것도 아닙니다.

저는 노후 자금의 필요성을 부인하지는 않습니다. 적절한 금액을 잘 저축해두면 경제적 어려움 없이 노후 생활을 하게 될 가능성이 큽니다. 하지만 돈이 다소 부족하더라도 두려울 것은 없습니다. 예수님께서는 "목숨을 위하여 무엇을 먹을까 무엇을 마실까 몸을 위하여 무엇을 입을까 염려하지 말라 목숨이 음식보다 중하지 아니하며 몸이 의복보다 중하지 아니하냐"고 말씀하십니다.

돈이 부족해서 노후가 피폐해진 분들은 생각보다 드뭅니다. 형편이 어떻든 그 나름의 방법이 있습니다. 저는 개인 파산으로 60대를 시작한 분을 알고 있습니다. 이 분은 이후 성실히 일하고 검소하게 생활하여 먹고사는 것을 걱정하지 않아도 될 정도가 되었습니다. 지금 가진 것이 적더라도 혹은 큰 빚을 지고 있어도 그 나름대로 돌파구가 있습니다. 형편 안에서 노후를 준비하고 설계할 방법이 있습니다. 이에 대해서는 뒤에 더 자세히 설명하겠습니다.

일자리

나이 듦은 은퇴를 동반합니다. 즉 그동안 일하던 터전을 잃게 됩니다. 일자리를 떠난다는 것은 두 가지 면에서 상실감을 줍니다. 하나는 수입이 끊기는 것이고 또 하나는 자신의 사회적 가치를 잃는 것입니다. 그래서 많은 분이 나이 들어 일을 잃는 것을 몹시 두려워합니다.

한국 사회의 고령자 취업 시장은 매우 암담합니다. 일자리 자체가 부족한데다 그나마도 단순 노무직이나 판매직 등 수입이 적고 불안정한 고용 조건을 가진 것들 위주입니다. 창업은 리스크가 너무 높습니다. 은퇴 후 창업의 절반이 3년을 넘기지 못하고 망하는 것으로 조사되어 있습니다.

이런 상황에서 가족을 위해 한창 벌어야 할 때, 건강하고 활력이 넘쳐서 더 일할 수 있을 때 직장을 떠나게 될까 걱정하는 분들이 많습니다. 은퇴설계 현장에서 일하는 저로서는 그 염려와 두려움을 충분히 이해할 수 있습니다. 하지만 성경은 끊임없이 우리가 두려워하지 말 것을 교훈하고 있습니다. 두려움은 믿음 없음의 표현이며 무익하기 이를 데 없는 것입니다. 두려움은 그 어떤 문제도 해결하지 못합니다. 염려로 시간과 에너지를 허비할 뿐입니다.

두려움을 버리고 새로운 비전을 품어야 합니다. 주님께서 앞길을 이끄십니다. 기도하면서 미리 준비하면 좋은 일자리를 예비할 수 있습니다.

건강

은퇴 후에 건강을 잃는 것에 대해 걱정하는 분들이 많이 계십

렘브란트 〈폭풍우 치는 갈릴리 호수의 예수님〉

갈렙과 나이 듦의 법칙_두려움을 극복하고 비전을 품어라니다. 특히 암 같은 중증질환에 걸려서 치료비와 생활 부담이 늘어나거나 뇌졸중이나 치매로 간병을 받아야 할 상황을 특히 두려워하십니다.

한 50대 후반의 집사님이 등산하던 중에 갑자기 쓰러지셨습니다. 평소 혈압이 높았던 이 분은 직감적으로 뇌졸중이 찾아왔음을 깨달았습니다. 그래서 쓰러지면서 이렇게 기도했다고 합니다. "주님, 아내와 자식들에게 폐 끼치면서 살게 되느니 차라리 지금 저를 데리고 가주십시오." 이 분의 심정이 특별한 것은 아닙니다. 상담을 진행하면서 이런 마음이 거의 공통적임을 알게 되었습니다.

노년의 건강에 대해 염려하는 것은 지극히 자연스러워 보입니다. 하지만 두려움과 걱정은 그리스도인이 극복해야 할 대상입니다. 하나님께 맡기고 할 수 있는 것을 하는 것으로 충분합니다. 그리고 지나치게 건강에 대해 걱정하며 질병을 두려워하는 '건강염려증'은 현대 사회가 낳은 중병이기도 합니다. 건강에 대한 염려로 섣부른 행동을 하다가 오히려 건강을 악화시킬 수 있습니다.

의학자들의 분석에 따르면 치명적 질병의 3분의 2 이상은 잘못된 생활습관에 의한 것이라고 합니다. 그런데 성경이 가르치고 교회 공동체가 권하는 생활방식은 건강을 유지하며 강화하는 방향과 거의 일치합니다. 새벽기도를 위해 일찍 자고 일찍 일어나는 생활습관, 금주와 금연, 주일성수를 통한 영혼의 회복, 감사와 긍정적 사고 등은 건강에 매우 유익합니다.

따라서 기쁘게 신앙생활을 잘하는 것은 좋은 건강관리를 하는 것과 마찬가지임을 깨닫고 건강에 대한 염려에서 벗어나야 하겠습니다.

자녀

한국인의 자녀 사랑은 유별납니다. 저도 그런 극진한 사랑 가운데에서 자랐습니다. 늘 부모님의 은혜에 감사한 마음을 가지고 있지만 보답할 길이 없습니다. 그리고 아버지로서 어린 아들을 끔찍이 아끼고 사랑합니다. 그 아이를 위해서는 모든 것을 내어 줄 수 있을 것 같습니다. 저만 그런 것이 아니라 대부분이 그렇습니다.

하지만 자녀가 우상이 되어서는 안 되겠습니다. 하나님보다 더 사랑해서는 안 됩니다. 특히 한국인은 자녀를 경제적·정서적으로 독립시키는 일이 서툽니다. 끝도 없이 지원하고 감싸고 돕니다. 그러나 성경은 "사람이 그 부모를 떠나서 아내에게 합하여 그 둘이 한 몸이 될지니라 하신 것을 읽지 못하였느냐(마태복음 19장 5절)" 하고 꾸짖습니다.

때로 왜곡된 사랑은 끔찍한 결과를 낳습니다. 이스라엘에 엘리라는 제사장이 있었습니다. 그런데 그의 두 아들은 행실이 사악했습니다. 제사의 제물을 빼돌리고 성전에서 일하는 여인들을 범하였습니다. 엘리는 아들들을 나무라긴 하였지만 엄한 벌을 내리지 않고 그 행실을 막지 못하였습니다. 결국 엘리의 집은 큰 벌을 받았습니다. 두 아들은 같은 날에 목숨을 잃었고 엘리도 쓸쓸한 최후를 맞이했습니다.

그와 같은 시대에 '한나'라는 여인은 아들을 얻기 위해 간절한 기도를 드렸습니다. 그녀는 응답을 받아 아들을 낳았는데 젖을 떼자마자 성전에 맡겼습니다. 하나님께 드리겠다는 서원을 지킨 것입니다. 성전에서 자라난 이 아이는 제사장 엘리의 축복을 받고 이스라엘의 선지자요 영적 지도자가 됩니다. 이 아이가 바로 사무엘입니다.

엘리와 한나는 모두 자신의 자녀를 사랑했을 겁니다. 하지만 그 사랑의 방식을 달랐습니다. 우리가 이 대조적인 사랑의 방식 중 무엇을 택해야 할지는 자명합니다.

자녀를 사랑하되 우상으로 삼아서는 안 됩니다. 합당한 범위를 넘겨서 주는 것도 온당하지 않습니다. 그의 길을 하나님께 맡기고 독립시켜야 합니다.

관계

사람은 사회적 동물이라고 합니다. 다른 이와 관계를 맺고 그 속에서 즐거움과 존재 가치를 느끼며 살아갑니다. 교회, 가정, 직장, 기타의 모임에서 교류하며 인정받는 데서 인생의 의미를 느껍니다. 그런데 노년에는 이것을 잃게 될까 두려워하는 사람들이 많습니다. 특히, 은퇴하여 자리를 잃고 수입이 끊기면 그동안의 영향력과 지위, 존중을 더는 누릴 수 없을 것이라 염려하기도 합니다.

하지만 이런 두려움은 온당치 않습니다. 저는 은퇴 상담을 하면서 돈독한 사회적 관계와 존중이 돈이나 지위에서 비롯되지 않음을 보았습니다. 그리스도인의 관계는 십자가로 표현된다고 합니다. 아래위 즉, 하나님과의 관계가 바로 맺어지면 수평적 관계인 인간관계는 자연스럽게 형성된다는 것입니다.

견고한 믿음을 유지하고 사랑과 섬김을 실천하며 아름다운 신앙 인격이 우러나는 사람은 돈이 많든 적든 직업과 지위가 어떠하든 합당한 존경을 받게 될 것입니다. 그는 어디에 속했든 어른으로서 리더십을 발휘할 것입니다. 돈이 없거나 지위를 잃었다고 나를 떠나는 사람이 있다면 그와는 바른 관계를 맺은 것이 아닙니다. 나이 들고 은퇴함으로써 관계와 존중을 잃게 될까 염려할 필요가 없습니다. 성경은 "내가 어려서부터 늙기까지 의인이 버림을 당하거나 그의 자손이 걸식함을 보지 못하였도다(시편 37장 25절)"고 말합니다.

진정으로 두려워해야 할 것
그리스도인이 나이 들어가면서 두려워해야 할 것은 돈이나 일자리, 건강과 인간관계의 상실이 아닙니다. 이런 것들에 얽매어 영성을 잃는 것입니다. 그리스도인에게 이것은 모두를 잃는 것입니다.

솔로몬은 하나님께 지혜와 부귀를 선물로 받았지만, 노년에 우상숭배에 빠졌습니다. 솔로몬에게 부족한 것이 없었습니다. 하지만 그 소유가 그를 더 악한 지경으로 나아가게 했을지도 모릅니다. 성경은 우리가 세상과 섞이는 것을 염려합니다.

그들이 네 땅에 머무르지 못할 것은 그들이 너를 내게 범죄하게 할까 두려움이라 네가 그 신들을 섬기면 그것이 너의 올무가 되리라 (출애굽기 23장 33절)

돈이나 권력, 명성을 누리지 못할 것을 염려하기보다는 그것을 얻어 교만에 빠지는 것을 훨씬 더 두려워해야 합니다. 성경은 우리에게 경고합니다.

네가 먹어서 배부르고 아름다운 집을 짓고 거주하게 되며 또 네 소와 양이 번성하며 네 은금이 증식되며 네 소유가 다 풍부하게 될 때에 네 마음이 교만하여 네 하나님 여호와를 잊어버릴까 염려하노라 여호와는 너를 애굽 땅 종 되었던 집에서 이끌어 내시고 너를 인도하여 그 광대하고 위험한 광야 곧 불뱀과 전갈이 있고 물이 없는 간조한 땅을 지나게 하셨으며 또 너를 위하여 단단한 반석에서 물을 내셨으며 네 조상들도 알지 못하던 만나를 광야에서 네게 먹이셨나니 이는 다 너를 낮추시며 너를 시험하사 마침내 네게 복을 주려 하심이었느니라 그러나 네가 마음에 이르기를 내 능력과 내 손의 힘으로 내가 이 재물을 얻었다 말할 것이라 (신명기 8장 12절~17절)

히브리서 저자의 고백처럼 주님은 나를 돕는 분이십니다. 사람이 내게 어찌할 수 없습니다. 그러니 무서워할 것이 없습니다. 그러나 주님을 떠나는 것은 진정으로 두려워할 일입니다. 더욱이 우리가 얻고 싶어하는 헛된 것들 때문에 주님을 잃는다면 그보다 더 어리석은 일은 없을 겁니다.

. .

돈으로
두려움을 이길 수 없다

돈을 사랑하지 말고 있는 바를 족한 줄로 알라 그가 친히 말씀하

시기를 내가 결코 너희를 버리지 아니하고 너희를 떠나지 아니하

리라 하셨느니라 (히브리서 13장 5절)

두려움을 파는 사람들

나이 듦과 은퇴의 두려움이 극대화되는 곳이 금융상품 판매

현장입니다. 저는 금융업에서 일했기 때문에 이 사실을 너무나

잘 알고 있습니다.

저는 금융회사가 주최한 은퇴설계 세미나에 자주 참석했었습

니다. 늘 그렇듯 말쑥한 정장을 갖춰 입은 호감 있는 외모의 강사

가 열변을 토했습니다. 그의 강의는 때로는 유머러스하고 때로는

진지하게 이어지며 청중을 끌어들였습니다.

표정과 어조만을 놓고 보았을 때 그는 한국 사회 고령화 현실을 진심으로 걱정하고 있는 듯했습니다. 적어도 그 자리에 모인 청중들만이라도 이 현실을 타파할 수 있는 소중한 정보를 제공하기 위해 열과 성을 다 바치고 있는 것처럼 느껴졌습니다. 그는 말했습니다.

한국인의 평균수명이 얼마일까요? 예. 지금 79세입니다. 사고나 질병으로 일찍 사망하는 사람들까지 포함한 수치니까 특별한 재해를 겪지 않는 분들은 85세까지는 기본으로 사십니다. 그리고 현대 의학이 급속도로 발전하고 있습니다. 평균수명도 매년 늘고 있지요. 이제 100세까지는 산다고 보아야 할 겁니다. 정말 좋은 일이죠? 그런데 표정들이 왜 그러세요? 제가 그 이유를 맞춰보겠습니다.

한국 직장의 평균 은퇴 나이가 몇 세인지 아십니까? 53세입니다. 통계청에서 조사한 결과입니다. 그러면 54세에서 100세까지 47년을 수입 없이 살아야 한다는 이야기입니다. 수입 없는 장수 이거야말로 심각한 리스크입니다.

은퇴 후에 부부가 그냥 밥 먹고 살고 병원 조금 다니고 이렇게 기본적인 생활하는 데 월 180만 원이 넘게 듭니다. 단순하게 쓸 만한 자동차를 몰고 여행도 조금 다니고 사회활동도 하면서 중산층 생활을 하려면 한 달에 300만 원은 있어야 합니다. 골프도 치고 모임에도 나가면서 품격 있는 삶을 유지하려면 최소한 월 500만 원이 필요합니다.

단순하게 계산해볼까요? 부유층은 그렇고 중산층 수준으로 은퇴 이후의 삶을 사려면 300만 원에 47년 즉, 564개월을 곱하면 됩니다. 16억 9,200만 원이 나오네요. 조금 과하다고요? 100세를 88세로 낮춰보지요. 필요 자금도 조금 절약한다고 계산해서 250만 원으로 책정하죠. 그러면 월 250만 원에 420개월(35년)을 곱하면 10억 5,000만 원입니다. 이것이 현실적인 최소치입니다.

은퇴 후 부부가 중산층의 삶을 살기 위해서는 최소한 10억 원의 자금을 확보해야 합니다. 이게 현실입니다. 여러분은 어떠십니까? 준비가 충분하십니까?

이제 자식들의 부양을 바란다는 말은 코미디입니다. 다 아시죠. 대한민국 아들딸들은 그럴 능력도 없고 그럴 생각은 더더구나 없습니다. 기대지만 않아도 다행이죠.

우리나라 사회보장제도 또한 믿을 바 못 됩니다. 국민연금 이거 골치 아픕니다. 언제 고갈될지 모릅니다. 얼마 나오지도 않습니다. 그러니 은퇴준비는 철저히 여러분 개인의 몫입니다. 지금 바로 준비하셔야 합니다.

여기 30대도 많이 오셨네요. 조금이라도 빨리 시작할수록 좋습니다. 복리 효과 아시죠. 일찍 시작하는 것이 부담을 줄이는

최고의 방법입니다. 조금 늦은 분은 안타깝지만 해결책이 없는
건 아닙니다. 이제 특단의 조치를 취해야 합니다. 경각심을 갖
고 깊이 생각하시고 선택하시기를 애타게 바랍니다.

그의 충격적인 강의가 끝나고 또 다른 강사가 나와 연금상품
몇 가지를 소개하는 순서를 진행했습니다. 몇몇 청중들은 깊은
인상을 받은 듯 보였습니다. 그도 그럴 것이 충분히 설득력이 있
는 강의가 아닌가요?

은퇴설계 세미나가 끝난 후 여러 명이 강사 주변으로 모여들
었습니다. 자신의 상황을 이야기하며 구체적인 조언을 구하기 위
해서입니다. 일부 사람들은 상담 신청서를 작성해서 제출하고는
자리를 떠났습니다. 하지만 그 뒷모습은 하나같이 쓸쓸해 보였
습니다.

우리 사회에서는 은퇴를 매개로 두려움을 조장합니다. 거액을
미리 준비하지 않으면 불행한 노후를 보낼 것처럼 잔뜩 겁을 줍
니다. 그들이 제시하는 대안은 간단합니다. 높은 금액의 연금을
들라는 것입니다. 이런 이야기는 비교적 잘 먹혀들어갑니다. 그리
스도인에게도 마찬가지입니다. 하지만 이것은 옳지도 않고 그 내
용도 부정확합니다.

렘브란트 〈어리석은 부자〉

공포의 실상

은퇴 후의 삶에 대해 공포를 조장하는 논리는 수많은 함정을 가지고 있습니다. 현실을 교묘하게 왜곡합니다. 어떤 부분은 지나치게 부풀리고 어떤 부분은 턱없이 축소합니다.

그렇다면 왜 이런식으로 말할까요? 사람들에게 은퇴에 대한 공포를 불러일으키고 이에 편승해 자신의 금융상품을 판매하기 위해서입니다. 이런 현실에서 은퇴설계 세미나의 상당수가 연금상품 안내로 마무리되는 것은 어쩌면 자연스러운 일일지도 모르겠습니다.

그들의 목표는 단순합니다. 사람들이 합리적인 은퇴설계를 하도록 이끄는 것은 관심 밖의 일입니다. 은퇴 관련 금융상품 판매가 유일한 목적입니다. 거칠게 말하자면 은퇴를 준비하는 이들에게 10억 원이 절실한 것이 아니라 금융회사가 10억 원짜리 연금 판매를 욕심내는 것입니다.

사람들의 심리를 잘 파고드는 금액을 미리 정해놓고 여기에 이리저리 계산을 짜맞춥니다. 당연히 억지 논리가 끼어들 수밖에 없습니다. 그런데 이런 억지는 은퇴라는 현실적 두려움 뒤에 교묘하게 숨어들어 그 모습을 감춥니다. 사람들의 공포를 매개로 한 마케팅을 펼치는 겁니다.

공포가 불러오는 것들

백번 양보해서 이런 공포 논리들이 나이 듦에 대한 준비가 부족한 사람들에게 경각심을 주어 실천에 나서게 한다면 그 나름대로 효과가 있다고 볼 수 있을 것입니다.

하지만 이런 공포들은 부정적 결과를 만들어냅니다. 특히 그리스도인이 이런 두려움의 영향을 받는다면 더욱 위험합니다. 돈을 섬기고 돈에 얽매인 삶을 살도록 유도하기 때문입니다. 제가 현장에서 느끼기에 이런 공포는 세 가지 형태의 부작용을 낳습니다.

첫째, 가난한 사람에게 절망과 불안을 안겨줍니다. 은퇴가 눈앞에 와서 큰 금액을 적립할 시간적 여유가 없는 이들, 현재 경제 사정이 좋지 않은 사람들에게 엄청난 은퇴 자금이 꼭 필요하다는 이야기는 절망입니다. 그들은 은퇴 자금은 고사하고 당장 생계를 이어가기도 버겁습니다. 그래서 은퇴 준비를 통째로 포기하고 불안에 시달리며 살게 됩니다.

둘째, 그보다 사정이 좀 나은 사람들의 현재를 파괴하게 될 수도 있습니다. 대개 이들은 큰 결심을 하고 은퇴 준비를 위한 금융 상품(주로 연금상품)에 가입합니다. 사정이 빠듯하지만 밝은 미래를 위해 현재를 희생하리라 결심합니다. 그러나 현실은 녹록하지 않습니다. 허덕거리며 매월 돈을 붓다가 어느 순간 힘에 부쳐 포기하고 맙니다. 중도 해약으로 빚어진 손실이 커도 어쩔 도리가 없습니다. 이 순간 힘겹게 꾸려오던 은퇴 후 계획은 물거품이 됩니다. 과도한 은퇴자금 플랜이 그 사람의 현재를 피폐하게 만들고 결국 미래 계획도 엉망으로 만드는 불행을 낳는 것입니다. 저는 기독교인이 은퇴 준비를 하면서 가치 있는 일에 대한 투자를 줄이면서까지 과도하게 연금을 넣다가 이도 저도 이루지 못하는 일을 자주 보았습니다. 공포에 사로잡혀 돈에 찌들어 사는 것은 바르게 나이 드는 일이 아닙니다.

셋째, 경제적으로 여건이 좋은 사람에게도 부작용을 낳습니다. 이들에게는 다른 사람의 공포가 태만으로 바뀝니다. 한 부자가 있습니다. 그분에게는 상당한 금융자산과 부동산이 있습니다. 매월 내야 하는 연금도 전혀 부담스럽지 않습니다. 그의 재무 상태를 진단하고 연금 계약을 끝낸 금융회사 직원은 "이제 행복한 노후를 꾸릴 일만 남았다"고 추켜세웁니다. 한껏 고무된 그는 자신의 은퇴설계가 충분하다고 생각합니다. 그래서 더는 다른 영역을 준비할 필요가 없다고 느낍니다. 이 순간 그에게 전인적 은퇴설계는 별로 중요하지 않은 것으로 간주됩니다. 골치 아픈 은퇴설계에서 해방되었다고 여기는 그는 돈 외에는 아무런 준비를 하지 않게 됩니다.

하지만 돈은 나이 듦에 대한 준비에서 큰 비중을 차지할 수 없습니다. 특히 그리스도인에게는 더 그렇습니다.

거액의 은퇴 자금이 있어야 행복하게 나이들 수 있다는 논리는 사실적 근거가 희박한 공포 마케팅의 구호일 뿐입니다. 이는 은퇴자의 목표가 아니라 금융회사의 마케팅 컨셉입니다. 이런 공포의 허상에서 벗어나야 진정한 은퇴설계를 할 수 있습니다. 돈에 대한 의존과 두려움을 버려야 갈렙처럼 나이 들기를 시작할 수 있을 것입니다.

· ·

두려움은 탐욕을 낳는다

내 마음을 주의 증거들에게 향하게 하시고 탐욕으로 향하지 말게
하소서 (시편 119장 36절)

내려놓음의 두려움

저는 은퇴설계 상담을 하면서 특이한 사실 하나를 발견했습
니다. 객관적으로 보았을 때 비교적 은퇴 준비가 잘되어 있는 분
들일수록 나이 듦과 은퇴에 대해 더 크게 두려워한다는 사실입
니다.

예를 들어 특수직역연금(공무원연금, 군인연금, 사학연금) 대상인
분들은 은퇴 전 평균 소득의 70~80%를 매월 연금으로 수령하
게 됩니다. 적어도 재정적인 부분에서는 염려할 게 별로 없을 것
같습니다. 그런데도 지나치다 싶을 정도로 정년퇴직 후를 걱정하

는 경우가 많습니다.

저는 처음에는 이해가 잘되지 않았습니다. 하지만 깊은 대화를 나눌수록 그 심정을 조금씩 알아가게 되었습니다. 지금 누리는 것이 크고 좋을수록 그것을 잃게 될 때의 상실도 크다는 사실입니다. 그리고 그런 상황이 올 때를 염려하는 마음이 클 수밖에 없습니다.

그 마음에 충분히 공감하지만 이런 두려움은 불필요합니다. 걱정과 불안은 아무런 성과를 낳지 못하기 때문입니다. 예수님께서 말씀하신 것처럼 염려함으로 키를 한 자라도 키울 수 있는 사람은 아무도 없습니다.

돈과 권력, 명성을 삶의 목표로 삼은 사람이라면 은퇴와 함께 이것의 상당 부분을 잃게 되는 게 몹시 싫고 두려울 겁니다. 하지만 이런 것에 희망을 두지 않는 그리스도인이라면 분명히 다릅니다. 두려워할 것이 없습니다. 기쁜 마음으로 내려놓고 새로운 길을 걸을 수 있어야 합니다.

탐욕으로 이어지는 두려움

대기업의 임원, 정부 부처의 고위 관료 등 높은 자리에 계신 분 중에는 높은 수입과 영향력, 존경을 도저히 내려놓을 수 없는 사람이 있습니다. 이들은 할 수 있는 한 그것을 더 유지하고 싶어합니다. 그래서 조직 내에서 암투를 벌이기도 하고 옳지 못한 방법

피터 브뤼겔〈바벨탑〉

갈렙과 나이 듦의 법칙_두려움을 극복하고 비전을 품어라으로 결탁하여 '다음 자리'를 확보하려 합니다.

이 책을 쓰는 동안 안타깝기 그지없는 일이 일어났습니다. 6,000톤급의 큰 배가 침몰하여 수학여행길의 꽃다운 학생 등 수백 명의 인명이 희생되었습니다. 이 사건은 견고한 듯 보이는 우리 사회가 얼마나 부실한지를 잘 보여 주었습니다.

그리고 사고의 원인과 책임을 조사하는 과정에서 우리 사회의 치부도 드러났습니다. 기업과 업종 단체, 감독 관청이 유착관계를 형성하여 서로의 부실을 덮고 넘어갔습니다. 퇴직 관료가 관련 기업이나 업종 단체의 대표나 임원이 되어 부당한 영향력을 행사하기도 했습니다.

침몰하는 배를 버리고 가장 먼저 도망간 선장, 선박회사를 사실상 운영해온 이단 종파의 교주, 이런 거대한 부실을 눈감고 있었던 감독 기관의 수장들은 모두 고령이었습니다. 이런 사고가 나지 않았다면 이들은 모두 은퇴설계를 잘한 사람처럼 보였을지도 모릅니다. 정년을 훌쩍 넘긴 나이에도 자기 직무를 계속 수행한 선장, 노익장을 과시하며 취미생활과 사업에서 두각을 드러낸 교주, 공직 은퇴 후 관련 분야 재취업에 성공한 관료 출신 기관장은 부러움의 대상이 될 수도 있었을 겁니다.

그러나 실상은 달랐습니다. 사업가인지 사이비 교주인지 정체가 의심스러운 이는 갖가지 사악한 방법을 이용해 치부하기에 급급했습니다. 그리고 재취업이 쉽지 않은 나이의 선장을 싼 급여로 채용했습니다. 선장은 자기 경험과 경륜을 전혀 발휘하지 않았고 무책임하기 이를 데 없었습니다. 그에게서 직업윤리라곤 찾아볼 수 없었습니다. 그리고 이들을 감독해야 할 사람들은 끈끈하게 형성된 카르텔 속에서 기득권을 유지하기에 바빴습니다.

저는 이 사고가 잘못된 은퇴설계의 단면을 적나라하게 보여주었다고 봅니다. 이 사고에 연류된 이들은 자기 직업이 품고 있는 고유의 사명을 전혀 인식하지 않았습니다. 그 대신 그 일이 주는 돈과 지위를 누리려고만 했습니다. 이것은 은퇴 후 재취업이 아니라 자리의 강탈입니다. 선한 리더십과 영향력의 발휘가 아니라 추악한 타협의 산물입니다. 지혜로운 어른이 되기보다는 욕망만을 쫓았습니다.

기득권을 잃게 될 두려움이 탐욕으로 이어졌고 이 탐욕이 한데 모임으로써 일그러진 구조를 낳았습니다. 진정으로 두려워할 것은 두려워하지 않았고 허탄한 데에만 마음을 두었습니다. 그 결과가 얼마나 엄청난지를 뼈아픈 사고를 통해 눈으로 보게 되었습니다.

상실의 두려움은 자연스럽게 집착과 탐욕을 불러옵니다. 우리가 나이 듦에 대한 두려움을 버려야 할 이유를 여기에서 찾을 수 있습니다.

이제 우리의 마음을 들여다보아야 할 때입니다. 우리가 진정 원하는 것이 무엇인지, 잃게 될까 두려운 것이 무엇인지, 그 기대와 염려는 선한 것인지 솔직히 대답해야 할 것입니다. 곧 사라질 허탄한 것에 마음을 두고 있다면 과감히 그것을 내려놓고 가치 있고 아름다운 나이 듦의 길로 방향을 선회해야 할 것입니다.

두려움을 이길 힘

너희의 하나님 여호와께서 이 땅을 너희 앞에 두셨은즉 너희 조
상의 하나님 여호와께서 너희에게 이르신 대로 올라가서 차지하
라 두려워하지 말라 주저하지 말라 한즉 (신명기 1장21절)

두려움은 하나님에 대한 불신

이집트를 탈출한 이스라엘 민족은 호렙 산을 지나 광야를 거
쳐 아모리 족속의 산지 길로 가데스 바네아에 이르렀습니다. 이
곳에서 하나님께서 주시기로 약속하신 땅 가나안이 멀지 않습니
다. 모세는 이스라엘 백성에게 하나님께서 주신 땅을 두려움 없
이 차지하자고 말합니다.

하지만 이스라엘 백성은 주저했습니다. 두려움이 그들을 가로
막았던 것 같습니다. 그들은 모세에게 가나안 일대를 정찰한 후

피터 폴루벤스〈사자굴속의 다니엘〉

에 새로 전략을 짜자고 건의합니다. 모세는 그것을 허락했습니다. 하지만 정찰 결과 보고는 그들을 더 큰 두려움에 빠뜨렸습니다. 여호수아와 갈렙 단 두 사람만이 가나안을 차지할 수 있다고 주장했을 뿐입니다.

결국 그 두려움은 그들이 약속의 땅 가나안을 얻지 못하게 만듭니다. 이집트를 탈출했던 사람의 후손들과 여호수아와 갈렙만이 가나안에 들어가게 되었습니다. 그것도 40년 이상 광야을 떠도는 고초를 겪은 후에 말입니다.

주일학교 시절 저는 이 부분을 공부할 때면 이스라엘 백성이 도무지 이해되지 않았습니다. 그들은 엄청난 기적이 일어나는 것을 수없이 지켜보았습니다. 하나님께서는 항상 그들에게 필요한 것을 공급하셨습니다. 모든 약속을 지키셨습니다. 그런데도 왜 두려워하고 원망하며 일을 그르쳤는지 받아들이기 힘들었습니다.

하지만 조금씩 나이가 들어가면서 저도 당시의 이스라엘 백성과 조금도 다르지 않음을 깨닫게 되었습니다. 수많은 은혜를 입고 매 순간 돌보심을 체험하고 있음에도 현실에서 작은 욕망이 좌절될 때마다 원망이 튀어나왔습니다. 작은 것 하나도 잃기 싫었습니다. 눈에 보이지 않는 하나님보다는 눈앞의 부자와 권력자를 더 두려워한 적이 많습니다.

이 모두가 하나님을 잊었기 때문에 생긴 일이었습니다. 하나님을 보지 않고 무력한 나를 볼 때는 실패의 두려움에 압도될 수밖에 없었기 때문입니다. 저에게 세상에 대한 두려움은 곧 하나님에 대한 불신을 의미했습니다. 어떻게 하면 이 끈질긴 두려움의 덫에서 벗어날 수 있을까요?

하나님이 함께하심을 신뢰한다

갈렙은 가나안 지역을 정찰하고 돌아온 40대 때에나 이 산지를 주소서라고 담대히 요구한 노년에나 한결같이 말합니다. 하나님이 함께하시면 반드시 이길 것이라고 말입니다. 반면 두려움에 떨었던 이스라엘 백성은 하나님이 함께하신다는 결정적인 사실을 놓치고 있었습니다. 저도 마찬가지입니다. 현실의 삶을 살 때 하나님이 나와 함께하심을 자주 잊어버립니다.

2010년 8월 칠레 아타카마 사막에서 광산이 붕괴했습니다. 광부들은 지하 700m 칠흑 같은 갱도에 갇혔습니다. 그리고 무려 69일 만에 33명 전원이 기적처럼 구조되어 전 세계에 감동을 안겨주었습니다. 그들은 흑암의 지하에서도 함께 예배하며 서로 격려하며 공동생활을 했습니다. 생존자 중 한 사람은 이렇게 고백했습니다. "저는 하나님을 믿었습니다. 하나님께서는 우리와 함께하셨습니다."

하나님께서는 말씀하십니다. "두려워하지 말라 내가 너와 함께 함이라 놀라지 말라 나는 네 하나님이 됨이라 내가 너를 굳세게 하리라 참으로 너를 도와 주리라 참으로 나의 의로운 오른손

으로 너를 붙들리라"(이사야 41장 10절)

어릴 때나 젊을 때나 나이 들었을 때나, 기쁠 때에나 곤란할 때에나 하나님께서는 우리와 늘 함께하십니다. 관건은 우리가 이 사실을 얼마나 의식하고 살아가느냐입니다.

하나님의 방법을 순종한다

모세는 "여호와께서 너희에게 이르신 대로" 올라가서 가나안을 차지하자고 말했습니다. 갈렙도 "내가 여호와께서 말씀하신 대로" 아낙 사람을 쫓아낼 것이라 말합니다. 이들에게는 하나님께서 지시하신 대로 따르면 승리한다는 견고한 믿음이 있었습니다.

때로는 하나님의 방법이 이해되지 않을 때가 있습니다. 손해 보고 실패할 때도 있습니다. 솔직히 고백하건대 저는 여러 차례 하나님의 방법을 떠나 인간적 편법으로 제가 원하는 것을 얻으려 했습니다. 생각해보니 그때마다 두려웠습니다. 원하던 것을 얻어도 만족스럽지 않았습니다. 하지만 하나님의 방법에 순종할 때는 잠깐 실패하더라도 기뻤습니다. 두려움이 없었습니다. 그것이 항구적인 실패가 아니기 때문입니다.

예수님께서는 원수를 사랑하라고 말씀하셨습니다. "눈에는 눈, 이에는 이"라는 복수가 상식이던 시절에 이 말씀은 미련해 보였습니다. 또한, 부와 권력을 차지하지 말고 내어놓고 낮아지고 섬기라고 말씀하셨습니다. 힘과 경쟁의 시대에 얼마나 손해나는 삶의 방식인가요. 그리고 십자가를 지심으로 하나님 방법의 결정을 보여주셨습니다.

우리가 초대 교회 성도라고 부르는 로마 시대의 초기 그리스도인들은 남다른 삶을 살았습니다. 당시 로마인들에게는 불이익과 희생, 탄압을 감수하면서 신앙을 고수하는 이들이 미련해 보였을 수도 있습니다. 하지만 이들을 통해 로마와 유럽 전체가 바뀌었고 세계사가 새롭게 쓰였습니다.

하나님의 명령, 하나님의 방법을 신뢰하고 그것을 순종할 때 우리는 두려움에서 벗어날 수 있습니다. 그리고 하나님이 우리를 통해 이루시는 위대한 일을 경험할 수 있게 될 것입니다.

하나님의 약속을 신뢰한다

제가 몸담았던 금융업에서는 신용이 생명과 같습니다. 약속한 날짜에 약속한 금액이 오가지 않으면 시스템이 무너져 버립니다. 그러나 간혹 금융기관조차 약속을 지키지 못하는 일이 옵니다.

제가 거래하는 분 중에는 '보증수표'나 마찬가지인 사람이 있습니다. 그분은 철저히 약속을 지키는 것으로 유명합니다. 그러나 그분도 불가항력적인 상황으로 약속을 지키지 못한 때가 있습니다. 이처럼 인간의 약속은 완전히 믿을 수 있는 게 아닙니다.

하지만 하나님은 반드시 약속을 지키는 분이십니다. 그 약속은 일방적으로 우리에게 유리한 것입니다. 그런 점에서 우리는 결말을 아는 영화나 이미 결과를 아는 스포츠 게임을 보고 있는 것과 마찬가지입니다. 지금 화면에서는 주인공이 고초를 겪고 있지만 얼마 지나지 않아 행복한 결말을 맞이하게 될 겁니다. 지금 내가 응원하는 팀이 뒤지고 있지만 곧 역전해서 승리를 거머쥘 겁니다. 두렵거나 불안할 필요가 없습니다.

하나님께서는 가나안 땅을 약속하셨습니다. 그 약속을 믿고 그 땅을 취하면 됩니다. 하나님께서는 노후의 아름다운 삶을 약속하셨습니다. 우리가 할 일은 그것을 그대로 믿고 두려움 없이 얻는 것뿐입니다.

..

3
크리스천 나이 듦의 위대한 교훈

갈렙처럼 꿈꾸라

꿈을 버리라고
강요하는 시대

하나님이 말씀하시기를 말세에 내가 내 영을 모든 육체에 부어 주
리니 너희의 자녀들은 예언할 것이요 너희의 젊은이들은 환상을
보고 너희의 늙은이들은 꿈을 꾸리라 (사도행전 2장 17절)

꿈은 젊은이의 전유물이 아니다

미래는 기대와 설렘의 대상이기도 하지만 불안과 두려움의 대
상일 수도 있습니다. 청년들이 서로 축복하면서 〈주 안에 우린 하
나〉라는 CCM을 부르는 장면은 매우 인상적입니다. 특히 "주님
우릴 통해 계획하신 일 너를 통해 하실 일 기대해"라는 가사는
주님이 이끄시는 미래에 대한 벅찬 기대가 녹아 있어 깊은 감동
을 줍니다.

주 안에 우린 하나 모습은 달라도 예수님 한 분만 바라네

사랑과 선행으로 서로를 격려해 따스함으로 보듬어가리

주님 우리 안에 함께하시니 형제자매의 기쁨과 슬픔 느끼네

내 안에 있는 주님 모습 보네 그분 기뻐하시네

주님 우릴 통해 계획하신 일 부족한 입술로 찬양하게 하신 일

주님 우릴 통해 계획하신 일 너를 통해 하실 일 기대해

저는 이 노래가 청년들뿐만 아니라 나이 들어가는 그리스도인에게도 많이 불리었으면 하는 바람을 안고 있습니다. 하지만 노년에 대해서는 기대보다는 불안과 두려움이 더 큰 것이 현실인 것 같습니다.

한 구호 단체 간사로부터 어린이 대상의 결연보다 노인 대상의 결연이 훨씬 더 어렵다는 이야기를 들은 적이 있습니다. 어린이를 도우면서 미래의 희망을 투영하지만, 노인을 후원할 때는 그것을 잘 느끼지 못하기 때문이라고 합니다.

이런 편견이 우리 사회 곳곳에 광범위하게 퍼져 있습니다. 나이 든다는 것을 꿈의 상실이나 포기로 간주하는 관점이 있습니다. 나이가 들었다는 것은 지금까지의 삶을 회고하며 정리하는 단계를 의미하고 자신이 꿈을 펼치기보다는 뒤로 물러나 다음 세대에게 꿈을 물려주어야 한다고 이야기하기도 합니다. 이런 주장은 몹시 부당하며 현실과도 다릅니다.

미국 현대 화단에 돌풍을 일으킨 리버맨은 81세 때부터 그림을 그리기 시작했습니다. 그는 101세에 스물두 번째 개인전을 가졌는데, 평론가들은 그를 가리켜 '미국의 샤갈'이라고 극찬했습니다. 커넬 샌더스는 65세의 나이로 치킨 프랜차이즈 사업을 시작했는데 이것이 유명한 KFC의 시작이 되었습니다. 그는 "노장은 녹슬어 사라지는 게 아니라 닳고 닳아 없어지는 것"이라고 말했습니다. 미국의 부호 밴더빌트는 70세에 상업용 수송선 100척을 소유했었는데 83세에 죽기까지 13년 동안 그 규모를 1만 척으로 늘렸습니다. 르네상스의 거장 미켈란젤로가 시스티나 성당 벽화를 완성한 것은 90세 때였습니다. 베르디는 오페라 〈오셀로〉를 80세에 작곡했고, 〈아베마리아〉는 85세 때 작곡했습니다. 괴테는 대작 『파우스트』를 60세에 쓰기 시작하여 82세에 탈고했습니다. 소크라테스의 원숙한 철학은 70세 이후에 이루어졌고 철인 플라톤은 50세까지 학생이었습니다. 명참모 강태공은 70세가 되어서야 비로소 주나라 문왕의 부름을 받아 입신立身의 길로 들어섰습니다. 모세가 하나님의 부름을 받아 민족 해방의 일선에 나섰을 때는 그의 나이 80세였습니다.

꿈꾸지 않기 때문에 늙는다

저는 직접 만나뵙지는 못했지만, 존경심을 갖게 된 분이 한 사람 계십니다. 이민희 장로님이신데 그분의 강연과 저술을 접하며

©photopark

크리스천 나이 들의 위대한 교훈_갈렙처럼 꿈꾸라

그분에 대해 알게 되었고 깊이 존경하게 되었습니다. 그분은 조선일보와 TBC, KBS에서 언론인으로 34년을 근무하셨고 은퇴 후에는 홍익대학교 광고홍보학과 교수로 학생들을 가르치셨습니다. 그 후에는 사회복지재단의 상임이사로 근무하시며 가난한 이들을 섬기는 일에 헌신하셨습니다. 이 장로님은 장로 은퇴를 앞둔 70세의 나이에 사이버대학의 사회복지학과에 진학하셨습니다. 남은 시간 소외된 이웃을 잘 섬기기 위해서라고 합니다. 많은 이들이 그의 나이를 걱정하지만 정작 그분은 나이에 연연하지 않습니다.

『네가 가라, 내 양을 먹이라』는 책을 쓰신 박운서 장로님은 제1대 통산산업부 차관을 역임한 고위 관료였습니다. 퇴직 후에는 만성 적자의 회사를 흑자로 탈바꿈시키며 '타이거 박'이란 별명을 얻은 성공적인 경영자였습니다. 그런데 이분은 65세 나이에 필리핀 오지 망얀족 마을로 가라는 부르심을 입었습니다. 은퇴 후 여가를 즐길 나이에 새로운 산지를 받은 것입니다. 그는 민도로 섬 망얀족 마을로 들어가 헐벗고 굶주린 사람들을 입히고 먹이며 복음을 전하는 사역을 시작했습니다. 길을 닦고 물을 끌어와 농사를 짓고 지역의 자립 인프라를 구축하고 현지인 사역자를 세워 그들이 직접 자신의 동족들에게 복음을 전할 수 있도록 돕고 계십니다. 박운서 장로님의 새로운 꿈은 65세라는 나이에 너무나 갑작스럽게 주어졌습니다.

늙어서 꿈꿀 수 없는 건 아닙니다. 오히려 꿈꾸지 않기 때문에 늙는다고 합니다. 갈렙이 그랬듯 사람들이 늦었다고 생각하는 나이에 새로운 꿈을 꾸고 새로운 사명을 받고 그것을 기쁘게 감당하는 분들이 계십니다. 그 인생은 복되고 은혜롭습니다. 꿈을 포기하라고 강요하는 시대에 갈렙처럼 나이 들기는 꿈꾸며 나이 들기입니다.

. .

돈을
꿈이라 말하는 시대

한 부자가 그 밭에 소출이 풍성하매 심중에 생각하여 이르되 내가 곡식 쌓아 둘 곳이 없으니 어찌할까 하고 또 이르되 내가 이렇게 하리라 내 곳간을 헐고 더 크게 짓고 내 모든 곡식과 물건을 거기 쌓아 두리라 또 내가 내 영혼에게 이르되 영혼아 여러 해 쓸 물건을 많이 쌓아 두었으니 평안히 쉬고 먹고 마시고 즐거워하자 하리라 하되 하나님은 이르시되 어리석은 자여 오늘 밤에 네 영혼을 도로 찾으리니 그러면 네 준비한 것이 누구의 것이 되겠느냐 하셨으니 (누가복음 12장 16절~20절)

맘몬의 시대

예수님께서 비유를 들어 한 어리석은 부자의 이야기를 들려주셨습니다. 그는 재산이 많습니다. 쉬고 즐기기에 충분한 정도입니다. 그는 창고를 크게 지어 소유를 보관하며 인생을 즐길 계획에 들떠 있습니다. 그런 그를 향해 하나님께서는 오늘 내 생명을 거두어가겠다고 말씀하십니다. 이 부분을 묵상하며 저는 소유를 늘리는 것에 집중된 삶의 말로가 어떤 것인지를 깨닫습니다.

돈은 결코 삶의 목표나 꿈이 될 수가 없습니다. 충분한 돈을 모았다고 해서 노후 준비, 은퇴설계가 잘되었다고 말할 수는 없습니다. 저는 금융회사에 근무하면서 수많은 부자를 만나보았습니다. 수백억 원대의 빌딩을 소유하고 월 임대료 수입만도 수억 원에 달하는 사람, 3대가 평생 쓸 만한 현금을 은행계좌에 비축해둔 사람 등 주변의 부러움을 살 만한 분들을 자주 접할 수 있었습니다. 언뜻 생각할 때 그들이 은퇴 이후에 대해 걱정할 것이라곤 눈곱만큼도 없어 보입니다. 그렇지만 그 속을 조금만 들여다봐도 예상하던 것과는 많이 달랐습니다.

내가 상담한 어떤 분은 심하게 표현하자면 돈 외에는 가진 게 하나도 없었습니다. 부부 관계는 파탄 일보 직전인데다 자녀들은 때 이른 상속 논쟁으로 감정이 골이 깊이 패어가는 중이었습니다. 그 와중에 가업 승계를 어떻게 진행할지 가닥조차 잡지 못하고 혼란에 빠져들었습니다. 아무런 거리낌 없이 자유롭게 소비하며 즐기는 삶을 살 풍요로움이 있었지만 그 속에서 어떤 즐거움이나 의미도 찾지 못했습니다. 그리고 주변에 많은 사람이 모여들었지만 진솔한 인간관계를 맺을 수 없었습니다.

그는 부자다운 여유와 활력이 없어 보였습니다. 예순을 갓 넘긴 나이지만 실제보다 훨씬 더 나이가 많이 들어 보였습니다. 계절마다 한두 차례 골프가방을 메고 외국여행을 다니는 것을 빼면 지극히 지루한 일상을 보냈습니다. 자신이 소유한 건물 지하의 작은 사무실에서 담배 연기가 자욱한 가운데 또래의 친구들과 고스톱을 치는 것이 주된 일상이었습니다.

저는 이분을 만나 그의 이야기를 들으며 "채소를 먹으며 서로 사랑하는 것이 살진 소를 먹으며 서로 미워하는 것보다 낫다"는 잠언 15장 17절의 말씀이 어떤 의미인지를 실감할 수 있었습니다. 돈은 축복인 동시에 재앙이 될 수 있습니다. 운용할 자세와 능력이 갖추어지지 않았다면 더욱더 그렇습니다.

그럼에도 저는 살아가면서 돈의 덫에 매입니다. 이 자리에서 제 부끄러운 모습을 고백합니다. 때로 저는 돈을 구하는 기도를 하면서 하나님을 내 주머니를 채워주시는 분 정도로 깎아내렸습니다. 하나님을 그리고 믿음을 도구화한 겁니다. 이럴 때마다 저는 하나님이 아니라 맘몬을 섬기는 우상숭배자로 전락하고 맙니다. 돈에 대해 경계하는 수많은 성경 말씀을 접하면서도 현실적 힘을 갖는 돈의 위력 앞에 번번이 굴복했습니다.

신학자들은 그리스도인을 굴복시키는 돈의 위력을 경계하라고 말합니다. 리처드 포스터는 『돈, 섹스, 권력』이라는 책에서 돈의 정체에 대해 이렇게 표현하고 있습니다.

돈은 단순히 중립적인 교환의 수단이 아니라 그 자체가 생명을 가지고 있는 '힘power'이다. 그것도 매우 자주 그 성격상 악마적인 '힘'인 것이다. 우리가 돈을 비인격적인 관점에서만 생각하는 한 그 돈을 적절하게 사용해야 하는 것 이외의 도덕적 문제는 존재하지 않는다. 그러나 돈이 권세들powers에 의해서 생기가 돌고 활성화된다고 하는 성경적 견해를 진지하게 받아들이기 시작할 때부터 우리와 돈의 관계는 도덕적 중대성으로 가득 차게 된다.

맘몬이 득세하는 시대를 사는 우리에게 하나님께서는 단호한 양자택일을 요구하십니다.

한 사람이 두 주인을 섬기지 못할 것이니 혹 이를 미워하고 저를 사랑하거나 혹 이를 중히 여기고 저를 경히 여김이라 너희가 하나님과 재물을 겸하여 섬기지 못하느니라 (마태복음 6장 24절)

돈에서 마음을 떼라

어떻게 하면 돈을 하나님의 자리가 아니라 도구의 자리로 끌어낼 수 있을까요? 저는 금융업에서 일한 경험이 있기에 '그리스도인과 돈'이라는 주제에 관심을 두고 틈틈이 책을 찾아 읽으며

엘 그레코 〈환전상을 쫓으시는 예수님〉

공부해왔습니다. 그리스도인이 돈을 어떻게 벌고 모으고 써야 하는지에 대해서는 여러 의견이 있습니다. 제가 돈에 대한 신학적 관점을 이야기하는 것은 주제넘은 일이 될 것 같습니다. 하지만 단순히 정직한 방법으로 벌고 십일조와 헌금을 잘하고 베푸는 것으로 충분하지 않다는 깨달음을 얻게 되었습니다. 물론 이것도 쉽지 않지만 말입니다.

하나님께서는 돈에서 마음을 떼고 하나님 나라에 집중할 것을 요구하십니다. 여기에 대해서는 김영봉 교수의 『바늘귀를 통과한 부자』라는 책이 유용한 도움이 될 것 같습니다. 그 책의 일부(30페이지)를 인용하겠습니다.

돈의 힘이 워낙 크고 교묘하기 때문에 그리고 인간의 욕망이 통제하기 너무 어렵기 때문에 태도를 명확히 하지 않으면 자기도 모르는 사이에 돈의 노예가 되어 버린다. 우리는 더 많은 재물을 얻기 위한 수단으로 하늘의 것을 바라보는 것이 아니라 지상의 재물이 가진 위험과 한계를 알기 때문에 하늘의 것을 바라보아야 한다. 우리 마음을 견고하게 하나님 나라에 묶어 둘 때 비로소 돈이 제대로 보인다. 그 때에야 돈을 섬기지 않고 도구로써 사용할 수 있는 안목과 능력이 생긴다. '이것이냐 저 것이냐'의 선택은 한 쪽을 완전히 버리자는 것이 아니라 마음을 끊음으로써 그것에 대해 바른 시각을 얻고자 하는 것이다.

이것이 돈에 대한 바른 태도다.

돈이 목표요 꿈인 시대, 더 나아가 돈이 신이 되는 시대를 살아가고 있습니다. 이 시대는 우리에게 험난한 도전을 줍니다. 돈을 섬기든가 아니면 하나님을 섬기라고 말합니다. 갈렙처럼 나이 들기 위해서는 돈에 마음을 두지 말아야 합니다. 돈을 목표로 삼는 일은 어리석습니다. 돈에서 우리의 관심을 거둘 때 그때에야 비로소 돈을 지배하고 운용할 수 있게 될 것입니다.

어떻게 하면 돈에 얽매이거나 마음을 빼앗기지 않고 그 가치 그대로 돈을 부릴 수 있을까요? 생활하면서 그런 경지를 유지한다는 건 정말 쉽지 않습니다. 시시때때로 돈에 혈안이 된 저 자신의 나약한 모습을 발견하곤 합니다. 그렇지만 돈에서 마음을 떼도록 쉼 없이 기도하고 훈련해야 합니다. 이 책의 여러 부분, 특히 4부의 내용이 이를 위한 작은 도움이 되었으면 하는 바람입니다.

· ·

욕망을
꿈이라 말하는 시대

구하여도 받지 못함은 정욕으로 쓰려고 잘못 구하기 때문이라

(야고보서 4장 3절)

꿈으로 포장된 욕망

제 어린 시절 꿈은 대통령이 되는 것이었습니다. 군사정권 시절 무소불위의 힘을 발휘하는 절대권력자는 정말 멋져 보였습니다. 말 한마디로 엄청난 영향력을 행사하며 수많은 사람을 복종시키는 가장 높은 사람이 제 꿈이었습니다. 그 꿈이 제가 나중에 정치외교학과에 진학하는 계기가 되었을지도 모릅니다. 그런데 지금 다시 돌아보건대 그것은 꿈이 아니었던 것 같습니다. 어린 저에게 세상의 욕망이 여과 없이 들어와 자리 잡았던 겁니다.

친구들과 꿈에 대해서 대화하면 별 희한한 이야기가 다 나옵

니다. 한 친구는 서울 강남에 12층 이상의 건물을 갖는 게 꿈이라고 합니다. 아직 미혼인 한 친구는 절세미인과 결혼하는 게 꿈입니다. 그래서 미인은 아니지만 현숙한 여성과 결혼할 기회를 놓치기도 했습니다. 세계 여행을 하며 온갖 산해진미를 맛보고 싶다는 꿈을 이야기하는 친구도 있습니다. 세상은 이런 종류의 바람을 꿈이라고 표현합니다. 그런데 이것을 과연 꿈이라고 표현할 수 있을까요?

세상에서는 어떨지 몰라도 그리스도인에게 이런 바람은 꿈이 아닐 겁니다. 그것은 욕망에 지나지 않습니다. 더 많이 갖고 더 편하게 살고 다른 사람 위에 서서 지배하고 유명해지고 감각을 만족시키려는 욕망입니다. 이 욕망에 직업과 같은 포장을 씌워서 꿈이라 부를 뿐입니다.

세상은 꿈에 대해 이렇게 정의합니다. 꿈은 원초적이고 근본적이지만 실현 가능성이 낮고 모호한 형태로 존재합니다. 꿈이 선명해지면 비전이 되고 구체적인 형태를 취하면 목표가 되고 실현할 방법을 세우면 계획이 된다고 합니다. 자기계발서들을 읽으면 이런 이야기를 자주 접할 수 있습니다. 여기서 꿈과 구별되는 개념들은 현실, 비전, 목표, 계획 등입니다.

언뜻 보기에 타당성이 있는 것 같지만, 그리스도인에게는 다른 정의가 필요하다고 봅니다. 제가 생각하기에 꿈과 대별되는 개념은 욕망입니다. 꿈은 하나님께로부터 온 것이고 자기 배(腹)로부터 온 것은 욕망이라 생각합니다.

하지만 그리스도인에게조차 꿈과 욕망은 혼재되어 있습니다. 변호사를 꿈꾸며 열심히 공부하는 청년이 있습니다. 그에게 왜 변호사가 되고 싶으냐고 물었습니다. 그는 답했습니다. "고소득 전문직이고, 사람들이 알아주고, 부모님도 자랑스러워 하실 것이고, 억울한 사람들을 위해 봉사할 수도 있지요." 이 청년에게 앞의 여러 이점을 빼고 오로지 억울한 사람들을 위해 봉사할 기회가 풍부한 직업을 가질 기회가 온다면 어떨까요? 반대로 억울한 사람들을 위해 봉사할 기회는 없지만, 평판과 수입이 좋으며 부모님도 선호하는 또 다른 직업의 기회가 찾아온다면 어떻게 할까요?

욕망을 버리고 꿈꾸기

저는 그리스도인이 좋은 직업을 지향하거나 가져서는 안 된다고 생각하지 않습니다. 또한, 사람들에게 기본적인 욕망이 없다면 생존할 수조차 없을 것이라는 사실을 잘 알고 있습니다. 욕망을 제어하지 않고 그것을 꿈으로 포장하는 태도에 문제가 있다고 봅니다.

나중에 많이 베풀기 위해 지금 많이 벌어야 한다는 사람이 있습니다. 이와 반대로 박봉을 쪼개 구제와 선교를 후원하는 사람도 있습니다. 전자가 돈을 욕망한다면 후자는 나눔을 꿈꾸는 것입니다.

국회의원 선거에 출마한 사람이 있습니다. 그는 주민과 지역사회를 섬기고 싶다고 말합니다. 그런데 이 일을 하는데 꼭 국회의원이라는 자리가 필요할까요? 물론 그럴 수도 있습니다. 영향력을 바탕으로 좀 더 큰 일을 할 수 있으니까요. 그런데 이 사람이 낙선한 후에는 주민과 지역사회를 위한 봉사에는 전혀 관심을 보이지 않습니다. 국회의원보다 훨씬 보잘것없지만 충분한 봉사의 기회가 될만한 다른 자리를 얻으려 하지 않습니다. 그 대신 다음 선거를 위해 돈을 긁어모으는 데 온 힘을 쏟습니다. 제 생각에 그는 국회의원으로서의 권력과 명성을 욕망한 것이지 섬김을 꿈꾸었던 것 아닌 것 같습니다.

나이 들면서 풍부한 재력이나 좋은 일자리가 주어진다면 감사한 일입니다. 존경받는 위치로 가게 되는 것도 마찬가지입니다. 나쁠 건 없습니다. 하지만 이것을 얻기 위해 정당하지 못한 방법을 쓴다거나 그 속에서 안락함과 쾌락, 권력과 명성만을 누리려한다면 그것은 그리스도인답지 못합니다. 이것은 자기 배를 채우려는 욕망입니다.

하지만 소유가 부족하고 힘든 일자리에서 일하고 명예와 권력이 없는 위치에 처하더라도 하나님 나라의 확장을 위해 헌신하겠다는 바람을 가지고 있다면 이것은 아름답고 원대한 꿈일 것입니다.

꿈을 역설하는 마틴 루터 킹 목사

미국의 흑인 민권 운동가 마틴 루터 킹 목사는 「나에게는 꿈이 있습니다」라는 연설로 수많은 이들을 감동시키며 미국 현대사의 흐름을 바꾸어 놓았습니다. 그의 전기를 보면 그가 자신에게 쏠린 관심과 시대적 사명에 부담을 느낀 것을 발견할 수 있습니다. 그는 끝없이 암살 위협에 시달렸고 여러 차례 테러를 당했습니다. 그는 자신이 암살당할 것이라는 사실을 예감하고 있었습니다. 하지만 심리적 중압감, 외부의 공격, 두려움에도 아랑곳하지 않고 주어진 길을 걸었습니다. 아름다운 꿈이 있었기 때문입니다.

갈렙처럼 나이 들기 위해서는 제어하지 못할 욕망이 아니라 아름다운 꿈을 꾸어야 합니다. 그것은 배(腹)가 아닌 하늘로부터 오는 것입니다.

..

갈렙의 꿈,
헤브론 산지

존귀한 자는 존귀한 일을 계획하나니 그는 항상 존귀한 일에 서
리라 (이사야 32장 8절)

갈렙의 꿈

갈렙은 가나안 정탐 후에 헤르론 산지를 주시겠다는 하나님의
약속을 받았습니다. 40여 년의 광야 생활을 하며 그 땅을 꿈꾸
고 또 꿈꾸었습니다. 그리고 85세의 노년에 다시 그 꿈을 확인하
였습니다. 갈렙이 꿈꾸었던 땅은 가나안 지역 중에서도 가장 정
복하기 힘든 곳이었습니다. 거인의 후손들이 그곳을 차지하고 있
었습니다. 안락함과 여유, 노년의 휴식 대신 힘겨운 싸움이 예고
되어 있었습니다. 하지만 갈렙의 꿈은 숭고하고 아름다웠습니다.
우리는 노익장 갈렙의 꿈을 통해서 꿈꾸며 나이 들기가 어떠해

야 할지를 배울 수 있습니다.

하나님 안에서 꿈꾼다

갈렙의 꿈은 철저히 하나님 안에 있었습니다. 그의 꿈은 이기적 욕망과는 거리가 멀었습니다. 그것은 하나님께서 주신 약속이며 그의 사명이었습니다. 그는 하나님께 존귀한 꿈을 받았고 그 꿈을 이루는 과정에서도 하나님과 함께했습니다.

갈렙은 다른 곳을 바라보지 않았습니다. "그 날에 여호와께서 말씀하신 이 산지"만을 꿈꾸었습니다. 그리고 "여호와께서 나와 함께 하시면 내가 여호와께서 말씀하신 대로" 꿈이 이루어질 것임을 믿었습니다.

갈렙처럼 나이 들기 위해서는 하나님께로부터 나온 존귀한 꿈을 꾸어야 합니다. 그리고 온전히 하나님과 함께하며 철저히 하나님의 방식을 순종하며 그 꿈을 이루어가야 합니다.

크고 담대한 꿈

나이 든 사람이 큰 꿈을 꾸는 일은 쉽지 않습니다. 자신이 약해져 있다고 생각하기 쉽습니다. 체력과 집중력이 떨어짐을 느끼고 휴식을 원합니다. 시간이 얼마 남지 않았다는 판단 때문에 장기간에 걸친 일을 계획하기도 쉽지 않습니다. 주위 사람들이 나이를 이유로 큰 꿈을 만류하기도 합니다.

헤브론 지역

크리스천 나이 듦의 위대한 교훈_ 갈렙처럼 꿈꾸라

하지만 노년 갈렙은 큰 꿈을 꾸었습니다. 험난한 싸움이 벌어질 산지를 꿈꾸었습니다. 그가 여전히 건강하고 싸움과 출입에 능하다고 하지만 85세 노인이 이루기에는 버거운 꿈일지도 모릅니다. 하지만 그는 하나님이 함께하실 것을 믿었습니다. 꿈이 반드시 실현될 확실한 근거가 있었던 것입니다.

나이 들어간다고 해서 은퇴로 직장을 잃게 된다고 해서 작은 꿈을 꿀 필요는 없습니다. 갈렙이 그랬듯 원대한 꿈, 이루기 힘든 꿈을 꾸어야 합니다. 하나님이 함께하시면 이루리라는 믿음을 가지고 한 걸음씩 나아가면 됩니다.

꿈을 이루기 위한 준비

갈렙은 헤브론 산지를 요구하면서 "내가 여전히 강건하니 내 힘이 그 때나 지금이나 같아서 싸움에나 출입에 감당할 수 있으니"라고 자신 있게 말하고 있습니다. 청년기의 건강과 체력, 유능함을 고스란히 유지하고 있다는 것입니다. 저는 갈렙이 산지를 꿈꾸며 철저히 준비해왔다고 생각합니다. 그는 믿음을 더 견고히 하며 깊은 영성을 쌓았습니다. 또한, 꿈을 이룰 날을 생각하며 건강을 관리하고 신체적인 단련을 게을리하지 않았을 겁니다. 그렇지 않았다면 85세 노인이 이런 자신감을 드러내지는 못했을 것입니다.

갈렙처럼 나이 들고 꿈을 이루기를 원한다면 갈렙이 했던 것처럼 철저히 준비하고 훈련해야 할 것입니다. 영성과 건강, 지혜와 통찰력, 유능함을 더욱 강화하며 꿈에 접근해나가야 하겠습니다.

꿈의 실현을 위한 인내

가나안 지역을 정탐하고 온 갈렙은 그 땅을 차지하자고 외쳤습니다. 하지만 두려움에 눌린 사람들로 인해 그의 목소리는 묻혔습니다. 하나님께서 그를 인정해주시고 가나안을 얻을 것이라는 약속을 해주셨지만, 그것은 40년 광야의 고생길을 거친 후에나 주어질 것입니다.

생각해보면 갈렙은 억울했을 수도 있습니다. 자신의 잘못이 아닌데 함께 형벌을 받아 긴 세월을 견뎌야 하는 사실을 흔쾌히 받아들이기 힘들 수도 있었을 겁니다. 하지만 갈렙이 원망했다는 기록을 전혀 볼 수 없습니다. 그는 그 긴 세월을 철저히 인내하며 기다렸습니다.

갈렙의 꿈은 다음 세대로까지 이어졌습니다. 갈렙은 헤브론 산지를 기업으로 얻은 후에 직접 아낙의 세 아들을 쫓아내었습니다. 그리고 기럇 세벨이라는 요충지가 남아 있었습니다. 그 지역은 자신의 조카이자 후에 사위가 된 옷니엘이 점령하였습니다. 헤브론 산지를 온전히 얻겠다는 그의 꿈은 오랜 인내 끝에 그리고 세대를 이어가는 세월을 거쳐 이루어졌습니다.

꿈의 실현과 기도의 응답이 더딜 수도 있습니다. 그러나 갈렙처럼 인내하고 기다려야 할 것입니다. 하나님께서 주신 꿈은 반드시 이루어주실 것이기 때문입니다.

갈렙처럼 나이 든다는 것은 갈렙처럼 꿈꾸고 그 꿈을 이루어가는 과정입니다. 하나님 안에서 크고 원대한 꿈을 꾸어야 합니다. 나이 들어간다고 배경과 능력이 부족하다고 꿈을 꾸지 못할 이유는 없습니다. 그리고 하나님의 함께하심에 의지하며 하나님의 방식에 순종하며 그 꿈을 이루어가야 합니다. 꿈을 이루는 과정이 험난하고 오랜 세월이 걸릴 수도 있습니다. 하지만 인내하고 기다리며 소망할 때 그 꿈이 이루어지는 감격을 경험할 수 있을 것입니다.

..

나이 듦의 꿈이
있으십니까?

네 마음의 소원대로 허락하시고 네 모든 계획을 이루어 주시기를

원하노라 (시편 20장 4절)

이 나이에 꿈이 없다니

저는 은퇴설계 상담을 하면서 가끔 도발적인 질문을 던지곤 합니다. "나이 듦의 꿈이 있으십니까? 그것은 무엇입니까?"라고 묻습니다. 그러면 당혹스러운 반응을 보이는 분도 계십니다. "이 나이에 꿈이라니요."

저보다 연세가 한참 위인 분들께 난처한 질문을 드리는 데는 이유가 있습니다. 저와 저희 회사는 평균 소득과 소비 성향에 맞춘 연금설계를 중심으로 삼지 않습니다. 전인적인 은퇴설계를 하는 데 주력합니다. 크리스천분들께는 영성에 기반을 둔 계획을

세우시도록 조언하고 있습니다. 그래서 꿈이 없으면 목표도 없고 설계할 내용도 없는 상황이 벌어집니다. 이런 사정을 설명한 후에 대화를 이어가다 보면 나중에는 이렇게 말씀하십니다. "이 나이에 꿈이 없다니……."

꿈이 없으면 계획도 없다

한 부부를 만나 상담을 진행한 적이 있습니다. 두 분 모두 예순의 현직 교사였습니다. 그분들은 자신은 은퇴설계가 완벽하게 되어 있으니 섣부른 조언을 할 생각을 하지 말고 몇 가지 금융 관련 상담만 해달라고 요구했습니다. 나는 완벽한 은퇴설계가 무엇인지 내심 궁금했지만 별다른 이야기를 꺼내지 않고 그분들이 요구한 실무적인 부분에 대해서만 자세히 설명해드렸습니다.

대화가 거의 마무리될 무렵 나는 가볍게 질문을 던졌습니다. "선생님들께서는 은퇴 준비를 잘하셨나 봅니다?" 그러자 두 분은 자랑이 약간 섞인 듯한 대답을 내놓았습니다. 두 분은 곧 정년퇴직 예정인데, 퇴직 후 부부의 교원연금과 개인연금을 합치면 월 900만 원 가까이 된다고 하셨습니다. 두 자녀도 모두 출가해서 자리를 잡았기 때문에 큰 걱정거리도 없고 은퇴 이후를 즐기기만 하면 된다는 이야기였습니다.

상황은 아주 좋았습니다. 그분들 말처럼 이렇게 완벽한 은퇴 준비도 드뭅니다. 그런데 내가 지극히 단순한 한마디를 던졌을

©photopark

크리스천 나이 듦의 위대한 교훈_갈렙처럼 꿈꾸라

때 꼭 그런 것만은 아니라는 생각이 들었습니다.

"은퇴 후에는 무엇을 하실 생각이십니까?"

"쉬어야지. 그리고 ……."

완벽한 은퇴설계의 내용은 월 900만 원의 연금과 쉬겠다는 계획이 전부였던 것입니다. 나는 이 부부에게 은퇴 준비 점검과 관련해서 재미있는 게 있는데 한번 해보시겠냐고 물었습니다. 그리고 우리 연구소에서 컨설팅할 때 쓰는 세 가지 양식에 내용을 기입해 달라고 부탁했습니다. 그것은 은퇴 후 하루 일과표(원형, 24시간), 은퇴 이후 5년간 중점적으로 할 일(연도별), 은퇴 후 5개년 계획(5차까지)이었습니다. 아주 간단한 양식이었지만 이 두 분은 물끄러미 종이를 바라만 볼 뿐 한참이 지나도록 아무것도 적어넣지 못했습니다. 아내 선생님이 비교적 자세하게 일과표를 적은 것을 빼면 의미 있는 기록은 없었습니다.

"이것 참 막막하네. 뭔가 구체적인 목표와 은퇴 계획이 없네. 은퇴 후 첫해, 첫 달, 첫날의 계획도 이렇게 막연하니. 허허……."

남편 선생님은 한동안 헛웃음만 지으며 난감해하셨습니다. 물론 이 부부 선생님께서는 그 이후로 구체적인 목표와 계획을 세우고 여러 영역에서 착실한 준비를 하고 계십니다. 무엇보다 신앙에 기반을 둔 나이 듦의 꿈을 확인하고 그것을 중심으로 촘촘한 계획을 세우고 실천에 나선 것이 가장 큰 성과라 할 수 있습니다.

꿈을 잃은 우리 시대의 아버지들

제 아버지께서는 공기업에서 정년퇴직하셨습니다. 큰 금액의 개인연금 같은 건 따로 준비하지 않았지만 은퇴 후 생활에서 경제적인 어려움을 겪지는 않으셨습니다. 그러나 그것이 거의 전부였습니다.

나이 듦에 대해 꿈이 없었습니다. 당연히 무엇을 할지, 어떻게 살지에 대해 체계적으로 준비한 것이 없었습니다. "이것을 하겠다. 저렇게 살겠다" 같이 추상적으로 말씀하신 적은 있지만 그런 일을 하기 위해 따로 무언가를 준비해놓지는 않으셨습니다. 결과적으로 은퇴 초기에 많은 고생을 하셨습니다. 갑작스럽게 변화한 생활에 적응하는 데 어려움도 겪었습니다.

그리고 뒤늦게 꿈을 확인하고 목표를 새롭게 하셨습니다. 지금은 분명한 중심을 잡고 교회 봉사 중심의 은퇴 생활을 열심히 하고 계십니다.

반대로 사업을 하던 어머니는 나이 듦에 대해 분명한 꿈을 갖고 계셨습니다. 그것은 '섬김'이었습니다. 구체적으로는 아이들을 섬기겠다고 말씀하셨습니다. 어머니는 준비의 일환으로 아이들에게 동화책을 읽어주는 '이야기 할머니' 교육과정을 이수하기도 하셨습니다. 어머니는 은퇴 후에 흔들림 없이 새로운 생활을 시작했습니다. 유치원에서 아이들에게 이야기를 들려주는 일과 교회 봉사활동을 왕성하게 하고 계십니다.

나는 아버지가 어머니처럼 나이 듦의 꿈을 갖고 은퇴 후 삶을 의미 있게 채울 수 있도록 무언가를 미리 준비했으면 은퇴 초기의 흔들림과 고통을 줄일 수 있었으리라 생각해봅니다.

그때 적절한 조언을 하지 못했던 것이 몹시 아쉽습니다. 하지만 지금 저는 그런 아쉬움을 예방하는 일을 직업이자 사명으로 삼으며 그 반성을 되새기게 되었습니다.

저는 나이 듦을 준비와 은퇴설계를 하는 실무의 첫 단계로 '나이 듦의 꿈을 확인하는 것'으로 삼습니다. 갈렙처럼 나이 들기를 원하는 그리스도인이라면 갈렙이 그랬던 것처럼 꿈을 꾸어야 합니다. 그리고 그것을 이루고자 하는 소망과 준비, 노력이 뒤따라야 합니다. 그래야 노년을 풍성히 채울 수 있습니다. 다시 질문을 던집니다.

"나의 듦의 꿈이 있으십니까? 그것은 무엇입니까?"

· ·

4
크리스천 은퇴설계의 실제
나이 듦을 계획하라

주 안에서
나이 듦을 준비한다

사람이 마음으로 자기의 길을 계획할지라도 그의 걸음을 인도하

시는 이는 여호와시니라 (잠언 16장 9절)

두려움 없이 준비하라

저는 지금까지 나이 듦에 대하여 그리고 모든 필요에 대하여 두려움을 갖지 말고 하나님께 맡기자고 이야기하였습니다. 하지만 이것은 '나는 아무것도 하지 않아도 된다'는 의미는 아닙니다. 그보다는 삶을 하나님께 맡기고 두려움을 버린 채 우리 할 바를 성실히 하자는 적극적인 의미입니다.

매우 특별한 시기가 아니라면 하나님께서는 우리 삶의 구체적인 현장을 통해서 일하셨습니다. 이집트에 10가지 재앙을 일으키시고 홍해를 가르셨던 하나님께서는 천상의 군대를 보내 가나안

을 치시지 않으셨습니다. 이스라엘 민족이 직접 전투를 치르도록 하셨습니다. 물론 이 과정을 이끄시고 도우셨습니다.

제가 과거 금융업 특히 보험 관련 업무를 했을 때 몇몇 그리스 도인으로부터 곤혹스러운 질문을 받은 적이 있습니다. "하나님 께서 미래를 책임지시는데 보험에 가입하는 건 불신이며 쓸데없 는 염려요 인간적인 방식이 아니냐?"는 것입니다. 하지만 저는 그 렇지 않다고 생각합니다.

영국에서 현대적 의미의 보험이 처음 생겼을 때 최초의 보험 영업자는 지역 교회 목사님들이셨습니다. 갑작스러운 일이 일어 났을 때 그 가족을 돌보시려는 하나님의 사랑이 보험이라는 도 구 속에 들어있다고 받아들였기 때문입니다.

유명한 이야기 하나가 떠오릅니다. 어느 시골 마을에 홍수가 났습니다. 물이 점점 차올라 그곳의 집들이 침수되기 시작했습니 다. 모두가 대피를 시작했는데 믿음이 좋은 한 장로님은 자신의 집을 떠나지 않았습니다. 하나님께서 직접 건져주실 터이니 기도 하며 기다리겠다는 것입니다. 장로님은 옥상 다락방에서 기도를 시작했습니다. 이웃에 사는 집사님 한 분이 트럭을 타고 찾아왔 습니다. "장로님 길에 물이 차올랐습니다. 조금만 더 지나면 자동 차가 못 다닙니다. 저와 함께 이 트럭을 타고 빨리 피하시죠." 그 러자 장로님은 "하나님께서 건져주십니다. 걱정 마십시오"라고 대답했습니다. 비가 더 와서 집이 반쯤 잠겼습니다. 구조용 보트

©photopark

를 탄 구급대원이 장로님께 왔습니다. 장로님은 같은 이유로 구조를 거절했습니다. 침수는 더욱 심해져서 장로님이 있는 다락방까지 물이 넘치기 시작했습니다. 그러자 헬기가 찾아와 로프를 내렸습니다. 장로님은 또 거절했습니다. 결국 집은 완전히 물에 잠겼고 장로님은 세상을 떠나고 말았습니다. 천국에 도착한 장로님은 하나님께 여쭈었습니다. "저는 하나님께서 건져주실 거라고 믿었는데, 왜 저를 구하지 않으셨습니까?" 하나님께서는 이렇게 말씀하셨습니다. "나는 세 번이나 너를 구하려 했지만 네가 다 거절했구나. 첫 번째는 트럭을, 두 번째는 보트를, 세 번째는 헬기를 보내지 않았느냐."

하나님께서는 신비한 방식으로 우리를 먹이시고 입히시며 집을 지어주실 수 있지만, 우리가 힘써 일하여 쓸 것을 마련하도록 하십니다. 때로는 기적적인 방법으로 병을 낫게 하시지만, 대부분은 병원과 의사, 약물을 이용하여 병을 치료하도록 하십니다.

우리는 하나님께 맡기고 두려움을 떨쳐야 하지만 그분의 뜻을 이루도록 성실하게 나이 듦을 계획하고 준비해야 합니다.

무엇을 준비할까?

저는 가장 먼저 나이 듦과 은퇴에 대한 영적 시각을 가져야 한다고 생각합니다. 하나님 안에서 지혜롭고 고귀하게 나이 들기를 소망하고 기도해야 할 것입니다. 주님께서 은퇴 후에 혹은 노년에 주신 사명이 무엇인지를 깨닫고 그것을 어떻게 감당할지 떨리는 마음으로 계획하고 준비해야 합니다.

각자 받은 은사와 형편에 따라 어떤 일을 할지를 결정하고 사모하는 마음으로 역량을 키워야 합니다. 또한, 주님께 받은 몸을 소중히 하며 건강을 관리해야 합니다. 재물에 얽매어서는 안 되겠지만 필요한 만큼을 합리적으로 저축해야 합니다. 여러 가지 위기의 순간에 버팀목이 될 수 있도록 보험이라는 도구도 적절히 활용하는 것이 좋습니다. 자녀와 후세대에게 무엇을 어떻게 남길지도 계획하여 준비하고 아름답게 세상을 떠나는 훈련도 해야 합니다. 말하자면 그리스도인으로서의 은퇴설계, 노후준비가 필요합니다.

다만 이 모든 과정에 두려움이나 탐욕, 불신이 개입하지 않도록 경계하고 기도하는 자세가 필요합니다. 그리고 하나님의 인도를 간구해야 합니다. 하나님께서 다 챙기시기에 두 손 놓고 있어도 되는 건 아닙니다. 오히려 약속하신 결말을 알기 때문에 더 기쁘고 성실히 준비하고 계획할 수 있습니다. 두려움 없이 준비함으로써 갈렙처럼 나이 드는 경이로운 경지에 접어들 수 있음을 감히 말씀드립니다.

· ·

설계의 기반은 영성

들으라 너희 중에 말하기를 오늘이나 내일이나 우리가 어떤 도시에 가서 거기서 일 년을 머물며 장사하여 이익을 보리라 하는 자들아 내일 일을 너희가 알지 못하는도다 너희 생명이 무엇이냐 너희는 잠깐 보이다가 없어지는 안개니라 너희가 도리어 말하기를 주의 뜻이면 우리가 살기도 하고 이것이나 저것을 하리라 할 것이거늘 이제도 너희가 허탄한 자랑을 하니 그러한 자랑은 다 악한 것이라 그러므로 사람이 선을 행할 줄 알고도 행하지 아니하면 죄니라 (야고보서 4장 13절~17절)

내 계획이 아니라 하나님의 계획 속에 들어가기

지금부터는 나이 듦을 계획하고 준비하는 구체적 과정에 관해 이야기하겠습니다. 가장 먼저 확인해야 할 점은 그리스도인에게 하나님이 빠진 계획은 계획이 아니라는 근본적인 사실입니다. 단순히 내 계획에 기계적으로 하나님을 연결시키라는 의미는 결코 아닙니다. 하나님의 계획에 내가 어떻게 포함될지를 기도하며 고민해야 한다는 뜻입니다.

하나님께서 나이 들어가는 나에게 주신 꿈과 사명은 무엇인가, 나는 그것을 진정으로 깨닫고 순종하며 받아들였는가, 그것을 어떻게 이루어갈까, 지금 무엇을 해야 하는가 등을 스스로 질문해야 합니다.

특별히 내 욕심을 선한 계획이라 포장하고 하나님께서 그것의 성취를 도와주시리라고 생각해서는 안 될 것입니다. 성경은 우리가 정욕으로 구하는 것은 응답하시지 않음을 분명히 알려주고 있습니다.

나를 의지하지 않기

갈렙은 청년에나 노년에나 용기가 넘치고 강건하고 유능했습니다. 그는 훌륭한 전사요 리더십이 뛰어난 지도자였을 것이라 생각합니다. 하지만 갈렙은 자기 능력을 의지하지 않았습니다. "여호와께서 나와 함께 하시면 내가 여호와께서 말씀하신 대로"라고 말하고 있습니다.

뛰어난 배경을 갖춘 분들이 많습니다. 재산이 많거나 학벌이 좋거나 전문적인 능력을 갖추었거나 권력이나 명성을 가졌거나

광야 생활의 중심이 되었던 성막 ⓒeveryonesapostolic.org

주위의 존경을 받는 분들이 꽤 있습니다. 이런 좋은 것들을 한꺼번에 가진 분들도 드물지 않습니다. 하지만 이것에 의지해서는 안 됩니다. 교만과 허탄한 자랑에 빠질 뿐 갈렙처럼 나이 드는 깊은 영성에는 접근할 수 없습니다.

가진 것이 없다거나 무능한 사람이라며 자책하거나 무기력에 빠지는 일도 옳지 않습니다. 그것은 나를 통해 일하시는 하나님의 능력을 부정하고 불신하는 일입니다. 내가 아니라 하나님을 의지하는 바탕에서 교만과 열등감을 경계하며 나이 듦을 계획해야 합니다.

내려놓고 낮아지기

갈렙은 겸손한 사람이었습니다. 그가 말한 것을 기록한 부분을 보면 그의 겸손함이 잘 나타나 있습니다. 그는 가나안을 정찰할 당시 동료였으며 그보다 나이가 어린 지도자 여호수아에게 깍듯이 고개를 숙였습니다.

저는 갈렙처럼 나이 들기 위해서는 지금까지 누리던 모든 것을 내려놓고 철저히 낮아져야 한다고 생각합니다. 비교적 높은 지위에 계셨던 분들이 은퇴 후 자신의 삶이 급전직하하는 상실감을 겪는 경우가 종종 있습니다. 아직 그 지위를 완전히 내려놓지 못했기 때문입니다. 세상의 지위에 연연해서는 갈렙처럼 성숙하게 나이 들 수 없을 것입니다.

내려놓지 못하는 사람은 소통의 장애를 겪으며 고립에 처합니다. 자신을 높이는 사람은 낮아지고 자신을 낮추는 사람은 높아진다는 성경의 역설적 진리를 받아들이고 겸손한 섬김의 자세를 가져야 하겠습니다.

> 그러나 너희는 랍비라 칭함을 받지 말라 너희 선생은 하나요 너희는 다 형제니라
> 땅에 있는 자를 아버지라 하지 말라 너희의 아버지는 한 분이시니 곧 하늘에 계신 이시니라
> 또한 지도자라 칭함을 받지 말라 너희의 지도자는 한 분이시니 곧 그리스도시니라
> 너희 중에 큰 자는 너희를 섬기는 자가 되어야 하리라
> 누구든지 자기를 높이는 자는 낮아지고 누구든지 자기를 낮추는 자는 높아지리라 (마태복음 23장 8절~12절)

충성과 성실함

갈렙은 충성스러운 사람이었습니다. 하나님께서도 "내 종 갈렙은 나를 온전히 따랐다"고 그를 칭찬하셨습니다. 갈렙은 이스라엘 민족이 자신의 판단과 지식을 전제로 원망하고 불순종할 때 하나님을 전적으로 신뢰하고 온전한 순종과 충성을 바쳤습니다. 이처럼 갈렙처럼 나이 들기는 하나님께 대한 순종과 충성을

전제로 합니다.

갈렙은 성실한 사람이었습니다. 그는 "내가 성실한 마음으로 그에게 보고하였고"라고 회고했습니다. 성실은 정직하고 정성스러움을 말합니다. 그리스도인은 나이 듦에서 성실해야 합니다. 성경은 "공의로 그의 허리띠를 삼으며 성실로 그의 몸의 띠를 삼으리라(이사야 11장 5절)"고 교훈하고 있습니다. 또한 "가난하여도 성실하게 행하는 자는 부유하면서 굽게 행하는 자보다 나으니라(잠언 28장 6절)"고 성실함의 가치를 인정하고 있습니다.

회고와 성찰

갈렙이 지도자 여호수아를 향해 헤브론 산지를 요구하는 장면은 매우 인상적입니다. 그는 가나안을 정탐하던 당시를 회고하며 여호수아에게 하나님의 약속을 상기시킵니다. 저는 나이 지긋한 분이 자기 인생을 돌아보며 하나님께서 돌보시고 이끌어주셨던 일을 간증하는 것을 들으며 큰 감동을 받습니다. 그 속에 진정한 경륜과 성찰이 들어 있기 때문입니다.

회고와 성찰의 영성으로 과거를 돌아볼 때에는 감사가 넘칩니다. 하나님의 살아 역사하심에 대한 깨달음이 있습니다. 믿음이 없다면 과거를 돌아보는 것은 무익합니다. 후회로 점철되어 있기 때문입니다. 좋은 일, 잘한 일이 있다 하더라도 그것은 허탄한 자랑에 지나지 않습니다.

그러나 갈렙처럼 나이 들기를 소망하는 그리스도인은 과거를 돌아보며 그 속에 담긴 하나님의 은혜를 재확인하고 약속을 기억하며 나이 듦의 영성을 강화할 수 있게 될 것입니다.

절제와 기다림

갈렙은 수많은 시간을 참고 기다려야 했을 것입니다. 이방인 출신으로 유다 지파의 일원이 되기까지 멸시를 받으며 혹독한 인고의 세월을 거쳤을지도 모릅니다. 이집트를 탈출해 가나안으로 들어가기까지 40년 넘는 시간을 참고 기다렸습니다. 광야의 험난한 생활은 갈렙에게 절제를 훈련시켰습니다.

그는 자신이 부당하게 광야를 떠돌았다고 불평하지 않았습니다. 거친 음식과 불편한 잠자리를 감사하게 받아들이며 성실한 삶을 살았습니다. 그의 삶에는 군더더기가 없었습니다.

미국에서 하버드대학 출신 268명을 장기간 추적하여 '행복하게 늙어가기 위한 7가지 조건'을 발표했습니다. 그 내용은 '성숙한 자세, 교육, 안정적 결혼, 금연, 금주, 운동, 적당한 체중'입니다. 다른 것은 그렇다 치더라도 금연과 금주가 행복한 노후의 필수 조건으로 꼽힌 것은 좀 특이해 보입니다. 하지만 이것은 전혀 과장이 아닙니다. 사람들이 대수롭게 여기지 않는 사소한 습관이 우리의 인생 전체를 망가뜨릴 수 있음을 보여줍니다. 반대로 이것을 포기하고 절제하면 행복하게 나이들 수 있음을 증명하고 있습니다.

우리는 진정 좋은 것을 얻기 위해서는 기다리며 참을 수 있어야 함을 알고 있습니다. 때로는 사소한 것, 나쁜 것을 과감하게 포기하고 절제해야 함도 잘 압니다. 하지만 삶에서 이것은 쉽지 않습니다. 살을 떼어내는 것과 같은 고통이 따릅니다.

절제는 몹시 힘듭니다. 그래서 갈렙처럼 나이 들기를 소망하는 이들에게 더욱 소중한 덕목이 됩니다.

늙은 남자로는 절제하며 경건하며 신중하며 믿음과 사랑과 인
내함에 온전하게 하고 (디도서 2장 2절)

. .

나이 듦을
감사하게 받아들이기

항상 기뻐하라 쉬지 말고 기도하라 범사에 감사하라 이것이 그리
스도 예수 안에서 너희를 향하신 하나님의 뜻이니라 (데살로니가
전서 5장 16절~18절)

나는 나이 듦을 어떻게 받아들이는가

미국의 저명한 정신과 의사 한 사람은 "스트레스는 상황 때문
에 발생하지 않는다. 상황에 대한 인식 때문에 발생한다"고 말했
습니다. 똑같은 상황에 놓인 사람들의 스트레스 정도를 비교했는
데 어떻게 받아들이는지에 따라 사람마다 차이가 컸다고 합니다.

똑같은 상황이 어떤 이에게는 가슴 설레는 도전 과제이고 어떤
이에게는 두려움의 대상이 됩니다. 나이 듦도 마찬가지입니다. 객
관적인 상황과는 관계없이 내가 어떻게 이 상황을 수용하느냐에

따라 마음가짐이 다르고 스트레스도 다릅니다. 이것은 구체적인 준비에 있어서도 큰 차이를 만듭니다. 노후의 삶도 확연하게 달라질 수 있습니다. 그러므로 내가 나이 듦을 어떻게 받아들이는가는 나이 듦을 계획하는 데 결정적인 요소가 될 수도 있습니다.

우리 연구소에서는 상담을 할 때 간단한 표를 이용해서 은퇴 수용도를 살펴보고 있습니다. 크리스천에게는 다음과 같은 표를 기록하도록 권합니다.

나이 듦이 감사한 점	나이 듦이 나쁜 점
나이 들면서 기대하는 점	나이 들면서 염려하는 점

이 표에 내용을 적는 과정에서 나이 듦에 관한 내 관점을 파악할 수 있습니다.

인상적인 기록도 나옵니다. "나의 무력함을 확인하고 겸손에 이르게 된 것이 감사하다"고 쓰고 "은퇴 후 주일학교 봉사에 더 큰 정성과 시간을 쏟을 수 있는 점이 기대된다"고 기록한 시트는 깊은 감동을 줍니다.

나이 듦을 하나님께서 주신 자연스러운 인생의 변화 과정으로 그리고 새로운 기회로 받아들이는 자세는 좋은 계획의 초석이 됩니다. 그런 면에서 나이 듦의 감사함과 기대에 대해 다양하게 생각해보는 것이 좋습니다.

저는 이 표를 기입할 때 나이 듦의 부정적 측면, 걱정되는 부분도 자세히 기록하도록 유도하고 있습니다. 가능하면 떠오르는 모든 내용을 기입하도록 합니다. 불평에 이르게 할 목적이 아니라 부정적 감정과 실체를 확연히 드러내기 위해서입니다.

캐나다 작가 어니 젤린스키는『모르고 사는 즐거움』이란 책에서 우리가 하는 "걱정의 40%는 절대로 현실로 일어나지 않는 일에 대한 것이고 30%는 이미 일어난 일에 대한 것이며 22%는 사소한 것이고 4%는 우리의 힘으로는 어쩔 도리가 없는 것이며, 나머지 4%만이 자신의 힘으로 바꿀 수 있는 일에 대한 걱정"이라고 했습니다. 이 비율이 정확한지는 모르겠습니다. 하지만 우리가 쓸데없거나 해결할 수 없는 일에 대해 과도하게 염려한다는 지적만은 확실히 옳은 것 같습니다.

나이 듦에 대한 관점도 마찬가지입니다. 부정적인 부분, 걱정되는 부분 중 불합리한 것은 없는지 검토하고 삭제하면서 나이 듦을 바라보는 눈을 새롭게 할 수 있습니다. 그리고 진정으로 염

©photopark

려해야 할 부분은 미리 준비함으로써 그 일이 실제로 일어날 확률을 낮추거나 그 결과를 가볍게 만들 수 있습니다.

나는 나이 듦의 준비가 되었는가?

상담을 진행하다 보면 가끔 자신의 은퇴와 노후 준비가 충분하다고 여기는 분들을 만날 때가 있습니다. 대체로 재산이 많거나 연금이 풍족한 경우입니다. 그런데 이 분 중에는 정작 중요한 영역에서는 나이 듦의 준비가 제대로 되어 있지 않은 사람들이 많습니다.

나이 듦의 준비는 구체적인 실천 과정이기 때문에 추상적으로 생각할 대상은 아닙니다. 간단한 표를 통해 내가 나이 듦을 준비

영역	계획	준비된 것
나이 듦에 대한 하나님의 계획과 나의 사명		
교회 공동체와 사회를 위한 섬김		
은퇴 후 직업		
가족 관계와 사랑의 회복		
교제와 인간관계		
여가, 집필, 예술, 취미		
계획을 이루기 위한 재정		
각종 위험에 대한 대비		

연차	연도별 중점 실천 계획
D-5년	
D-4년	
D-3년	
D-2년	
D-1년	

하고 있는지 점검해볼 수 있습니다.

그리고 준비에 대한 일정 계획에 대해서도 점검해봅니다. 만약 직장에서 은퇴가 예정되어 있다면 남은 기간에 연도별로 무엇을 중점으로 실천할지에 대한 대략적인 계획을 점검합니다.

일상생활 계획

나이 듦은 일상생활을 바꾸어 놓습니다. 특히 은퇴 전후의 생활은 확연히 달라집니다. 이때 어떤 일상생활을 할 것인지에 대한 계획이 필요합니다. 그런데 이에 대한 구체적인 계획이 없는 사람을 뜻밖에 자주 만나게 됩니다. 나에게는 새로운 생활에 대한 구체적인 그림이 있는지 점검해봅시다.

첫 단계는 아주 간단합니다. 초등학교 시절로 돌아가 어떤 하루를 보낼지를 생각하며 일과표를 그립니다.

그리고 은퇴를 기점으로 남은 생애를 각 5년씩 5단계로 나누

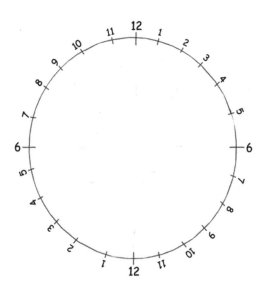

구분	연령	중점적으로 할 일
1차 5개년 계획	60–65	
2차 5개년 계획	66–70	
3차 5개년 계획	71–75	
4차 5개년 계획	76–80	
5차 5개년 계획	80 이후	

어 큰 그림을 그려봅니다. 이른바 5차 5개년 계획을 세우는 것입니다.

지금까지 내가 얼마나 나이 듦을 구체적으로 준비하고 있는지 그 정도를 점검하는 다양한 체크리스트를 살펴보았습니다. 점검표이긴 하지만 이 양식을 바탕으로 실제 계획을 수립할 수도 있습니다.

. .

기본 계획 수립

사람의 마음에는 많은 계획이 있어도 오직 여호와의 뜻만이 완전히 서리라 (잠언 19장 21절)

사명에 입각한 구체적인 계획

저는 지금까지 나이 듦의 두려움을 버리고 갈렙과 같은 원대한 꿈을 꾸어야 한다고 말씀드렸습니다. 하나님의 이끄심과 도우심을 바라며 그분의 뜻 안에서 나이 듦을 계획해야 함도 이야기했습니다. 이런 갈렙처럼 나이 들기의 원칙들은 구체적인 설계 과정에서도 그대로 적용되어야 합니다. 원칙 따로 실제 따로의 계획은 공허한 것이 될 것입니다.

나이 듦을 계획하는 첫 번째 단계는 나의 사명을 확인하는 것입니다. 하나님께서 지금 나에게 명하시는 일이 무엇인지를 깨닫고 꿈과 목표를 확인하는 과정입니다. 앞에서 말했듯 꿈이 없으면 계획도 설계도 있을 수 없습니다.

금융업계에서 일하는 한 사람의 경우를 예로 들겠습니다. 그는 매우 성실하고 선량하지만, 금융에는 어울리지 않는다는 평가를 받곤 합니다. 수줍어하는 성격에 이익에 민감하지 않기 때문입니다. 그는 하나님께서 왜 자신을 이 업종에 두시고 꽤 나이가 들기까지 그대로 두셨는지 잘 모르겠다고 합니다. 하지만 기도하는 가운데 그 뜻을 발견했다고 합니다.

이 시대의 크리스천들이 돈의 의미를 깨닫도록 전파하는 것이 자신의 사명이라고 받아들였습니다. 빚의 고통, 돈에 대한 집착, 왜곡된 소비 욕구 등에 사로잡혀 고통받는 크리스천들이 많은데 이들이 현실적 문제를 해결할 수 있도록 구체적인 방안을 제시하고 관련된 교육과 컨설팅을 제공하겠다는 목표를 세웠습니다. 그는 지금부터 착실히 준비해서 현재 직장을 은퇴하고 나면 계획을 본격적으로 실천에 옮길 예정입니다.

이 사명을 중심에 놓고 구체적인 나이 듦의 계획을 세울 수 있습니다. 그는 이 일의 존재 형태에 대해 고민했습니다. 순전한 봉사로 할 것인가 일정 정도 이익을 내는 사업체로 운영할 것인지의 문제에 봉착했습니다. 숙고한 끝에 일의 지속성을 위해서는 일정 정도 수익을 내는 것이 맞겠다는 결론을 내렸습니다. 하지만 수익을 목표로 삼아서 본질을 훼손하지 않도록 최소한의 규

©photopark

모를 설정했습니다. 강의와 출판 활동, 일부 상담료를 기반으로
견실한 운영을 할 계획을 세웠습니다.

또한, 사람들이 자유롭게 찾아 대화를 나누기 위해서는 상담
을 위한 장소가 필요한데 카페 형태가 좋겠다고 판단했습니다.
직접 방문하기 힘든 분들을 위해 웹사이트를 이용해서 정보를
공유하고 온라인 상담을 하는 방법도 덧붙였습니다.

이쯤 되면 준비할 것이 많아집니다. 그는 먼저 이 준비에 매몰
되어 중요한 것을 놓치지 않도록 다시 한번 사명을 환기합니다.
그리고 지금부터 준비할 사항들을 점검해 보았습니다.

첫째, 금융에 대한 지식은 비교적 풍부한 편이지만 신학적 기
반은 많이 부족하다. 그리고 상담 경험과 지식이 없다. 이에 대
한 계발이 필요하다. 신학대학원에서 상담학을 전공하는 것이
좋겠다. 금융 부분도 변화가 심한 만큼 단절 없이 공부를 계속
해야 한다.

둘째, 일을 본격적으로 시작될 때 카페를 열고 웹사이트를 개
설해야 한다. 웹사이트 개설 실무는 전문가에게 맡기더라도 운
영에 대한 기본적인 지식은 필요하다. 지금부터 시험적으로 블
로그를 운영하면서 경험을 쌓는 게 좋겠다. 그리고 바리스타로
서 직무를 할 수 있는 기본 지식도 쌓아야 한다.

셋째, 이 일을 추진하기 위한 기본 자금을 저축해두어야 한다.

넷째, 가족과 함께 꿈을 공유하고 뜻을 함께할 사람도 찾아야 한다.

마지막으로 이 준비 과정을 단계별로 추진할 수 있도록 일정 계획을 세웠습니다. 그는 차근차근 나이 듦의 사명을 위한 계획을 밟아갈 것입니다.

육하원칙에 따른 계획

사명에 바탕을 둔 나이 듦의 계획을 구체적으로 보완하기 위해서 육하원칙을 이용할 수 있습니다. 간단히 말해 "누구와 어디서 무엇을 하며 어떻게 살 것인가?"를 점검하는 겁니다. 이 방법은 막연한 예측에 골격을 세워주기 때문에 계획의 상세화를 하는 데 효과적입니다.

① 누가: 내 계획이므로 '누구와'로 바꾸어 생각합니다. 예를 들어 '아내와', '가족과', '사업 파트너와', '교회의 교우와' 등을 생각할 수 있습니다.

② 언제: 단계를 나누어 세부적으로 생각할 수 있습니다. 예를 들어 '65세부터 70세까지는', '71세부터 80세까지'는 등으로 계획을 세웁니다.

③ 어디서: 은퇴 후 주거하거나 주로 활동할 곳을 생각합니다. 예를 들어 '현재 사는 집에서'나 '뉴욕에서', '아내의 고향 농촌

마을에서', '새로운 국내 대도시에서' 등을 떠올릴 수 있습니다.

④ 무엇을: 직장생활이나 창업, 봉사활동 등 주된 활동 형태가 무엇인지 계획합니다.

⑤ 어떻게: 원하는 삶의 형태를 이어가기 위한 방법이 무엇인지를 점검합니다. 예를 들어 직장생활의 연장이라면 '건강에 무리가 가지 않도록 시간을 정하되 전문성을 충분히 살려서'라고 계획할 수 있습니다.

⑥ 왜: 이 계획들은 사명에 맞는 것인지, 의미가 있는지 등을 성찰해봅니다.

삶의 목표와 은퇴 후 계획을 수립하고 이를 위해 필요한 자원이 언제 얼마나 조달되어야 하는지가 나오면 그것을 마련할 구체적인 계획을 수립합니다. 부문별 계획과 함께 준비 일정도 구체적으로 마련합니다. 앞의 사례를 이어서 보면 다음 페이지 표와 같은 준비계획을 수립할 수 있습니다.

이런 구체적인 계획표를 통해 필요한 자금을 어떻게 조달할지, 구체적으로 어떤 일을 언제 할 것인지 그리고 예상되는 위험이 무엇이고 이에 어떻게 대비할지 효과적으로 살펴볼 수 있습니다. 또한, 사명을 놓치지 않고 계획의 기본 틀을 유지하되 상황 변화에 따라 능동적으로 대응하여 풍부하게 보완하고 수정하는 것이 좋습니다.

분야	내용	방안	일정(나이별)									
			52	53	54	55	56	57	58	59	60	계속
기본	사명의 상기	기도하며 사명을 상기하고 구체화	■	■	■	■	■	■	■	■	■	■
	계획 보완	구체적 계획과 일정을 보완	■	■	■	■	■	■	■	■	■	■
관계	가족	가족과 꿈을 공유하며 대화	■	■	■	■	■	■	■	■	■	■
	함께할 사람	같은 뜻을 가진 사람과 교제 구체적인 상담 진행	■	■	■	■	■	■	■	■	■	■
학습	대학원 진학	상담학 전공으로 석사과정 입학할 수 있게 수험 준비	■	■								
		상담학 전공 석사 과정 졸업				■						
	문헌 연구	신학, 상담학, 금융에 관한 독서	■	■	■	■	■	■	■	■	■	■
	자료 수집	획득 가능한 자료 틈틈이 수집	■	■	■	■	■	■	■	■	■	■
직무교육	바리스타 자격증 획득	직업훈련센터(무료) 자격증 과정								■		
	카페 운영 실무	처남 및 지인 카페에서 월 1회 견습							■			
		비슷한 형태의 카페에서 주 1회 견습									■	
	웹사이트 운영	웹사이트(블로그 등) 운영 학습	■									
		소규모로 실제 운영하며 역량 쌓기		■	■	■	■	■	■	■	■	■
	경험 쌓기	상담 경험 쌓기(지인 소개)		■								
		강의 경험 쌓기(거래처)		■	■	■	■	■	■	■	■	■
자금	거주지 마련	현재 서울 집은 매각 또는 임대하여 이주 거주자금 마련. 차액과 현 저축액은 두 아들 결혼자금.									■	
	창업자금 7,000만원 (현재 가치)	정기적금과 적립식 펀드(월 75만 원)	■	■	■	■	■	■	■	■	■	
	생활비	카페 수익금과 국민연금									■	
		75세 이후 대비 장기연금(월 30만 원)	■	■	■	■	■	■	■	■	■	■

자금	리스크 대비	조기 사망 대비: 기존 정기보험(월 7만 원)										
		실손 의료보험: 기존 실손보험(부부, 월 7만 원)										
		중대 질병 대비: 암+중대질병 대비 보험 추가(부부, 월 10만 원)										
		간병기 대비: 간병 대비 보험 추가(부부, 월 10만 원)										

· ·

악한 자를 경계하기

네 길을 그에게서 멀리 하라 그의 집 문에도 가까이 가지 말라 두렵
건대 네 존영이 남에게 잃어버리게 되며 네 수한이 잔인한 자에게
빼앗기게 될까 하노라 두렵건대 타인이 네 재물로 충족하게 되며
네 수고한 것이 외인의 집에 있게 될까 하노라 (잠언 5장 8절~10절)

두려움과 탐욕의 틈새를 노리는 하이에나

나이 듦을 계획하고 준비하는 과정에는 사람을 넘어뜨리는 덫
이 도사리고 있습니다. 이른바 리스크라 불리는 것들입니다. 그
런데 이런 리스크는 우리의 부족한 믿음과 불순종에서 기인하는
경우가 많습니다. 예를 들어 탐욕이 있다면 높은 이익을 준다는
달콤한 목소리에 현혹되어 잘못된 결정을 내리기 쉽습니다.

우리 속에 나이 듦에 대해 공포가 존재하면 마음이 약해지고 귀가 얇아집니다. 이때 겁을 먹은 사람의 틈새로 하이에나와 같이 악한 사람이 파고들어 때를 기다립니다. 사명에 바탕을 둔 견고한 믿음을 가질 때 주변에 몰려든 하이에나를 구별하고 퇴치할 수 있습니다.

욕망과 두려움에 사로잡혀 말씀에 어긋난 성급한 판단을 하면 악한 사람들의 표적이 됩니다. 악한 이들과 함께하면서 범죄에 빠질 수 있습니다. 성경은 이에 대해 분명히 경고하고 있습니다.

> 너희가 많은 것을 바랐으나 도리어 적었고 너희가 그것을 집으로 가져갔으나 내가 불어 버렸느니라 나 만군의 여호와가 말하노라 이것이 무슨 까닭이냐 내 집은 황폐하였으되 너희는 각각 자기의 집을 짓기 위하여 빨랐음이라 (학개 1장 9절)

나이 듦의 리스크

금융 사기가 가장 대표적인 나이 듦의 리스크입니다. 우리나라 50~60대의 5%가 사기를 당합니다. 평균 피해 금액도 8,000만 원에 이르는데 이 정도면 심각한 사회문제라 할 수 있습니다. 우리나라 역사상 최고의 사기극으로 불리는 '조희팔 사건'이 있습니다. 그 피해 금액은 4조 원 정도로 추산되는데 확실한 내역조차 파악할 수 없을 정도라고 합니다. 저는 이 조희팔이 강의하는 동영상을 본 적이 있습니다. 한눈에 보아도 조악한 안마 의자를 분양하면서 그는 "300~400만 원 하는 이 의자 하나를 임대하면 월 10~20만 원이 나옵니다. 이것이 여러분의 든든한 노후 연금이 될 것입니다"라고 목소리를 높였습니다. 청중들은 '연금'이라는 말 한마디에 환호하며 손뼉을 쳤습니다. 조희팔은 은퇴했거나 은퇴를 앞둔 사람들의 심리적 약한 고리를 파고들었고 결국 수많은 이들에게 씻을 수 없는 상처와 손실을 남겼습니다.

꼭 사기 수준까지는 가지 않더라도 위험한 창업을 부추기는 업체들의 감언이설도 위험하기는 마찬가지입니다. 설명회에 참석해보면 자신들 프로그램에 따라 창업하고 운영하면 고수익을 올릴 것처럼 팻대를 올립니다. 조건도 좋고 지원도 든든해서 가맹점들이 대부분 성공했다고 말합니다. 그런데 실제로 창업하면 그렇지 않은 경우가 많습니다. 은퇴 후 창업자 18.5%가 1년 안에 문을 닫고 절반 가까이는 3년 안에 폐업하는 참혹한 현실이 있음을 항상 염두에 두어야 할 것입니다.

상가나 오피스텔을 분양받으면 안정적인 임대 수익을 100% 보장한다는 유혹도 있습니다. 매월 꾸준히 수입이 생긴다는 말에 솔깃해하는 사람이 많습니다. 그런데 실제로는 임대가 잘되지 않고 몇 개월에서 몇 년씩 비워두는 곳도 있습니다. 계약 당시와 말이 다르지 않냐고 항의하면 오히려 계약서 어디에 그런 약속이 있느냐고 역정을 내기도 합니다.

이런 자격증을 따면 유망하다고 홍보에 열을 올리는 업체도 있습니다. 대개 학원이나 자격증 교육기관이 이런 일을 주도합니다. 그들은 합격률도 높고 수입도 좋다고 자랑합니다. 나중에 일거리를 알선하겠다는 곳도 있습니다. 그런데 공신력이 떨어지는 민간 자격증이 대부분입니다. 우리나라의 직업세계는 경쟁이 치열합니다. 변호사나 회계사 같은 최고 전문 자격도 그 자체로 고수입을 보장하지 못하는 현실입니다. 인지도, 능력, 네트워크가 우수해야 생존할 수 있습니다. 이런 현실에서 자격증 하나만으로 무언가 잘할 수 있다는 말은 합리성이 떨어집니다. 그래서 수업료나 교재비만 날리고 끝나는 경우가 허다합니다.

취업 사기도 비일비재하게 일어납니다. 취업 공고를 낼 때에는 '세일즈'라는 이야기를 전혀 하지 않다가 나중에 본색을 드러내기도 합니다. 어떤 회사는 일정 물량을 판매하는 것이 정규직이 되는 수습과정인 것처럼 거짓말을 늘어놓습니다. 취업 보증금을 받고 도망을 간 사례도 종종 있습니다.

가까이 있는 사람, 믿었던 사람이 하이에나로 돌변하기도 합니다. 은퇴자들은 퇴직금 등 목돈을 가지고 있기 때문에 그것을 이용하려는 사람들의 유혹이 끊이지 않습니다. 투자나 동업 제의가 잦을 수밖에 없습니다. 이 중에는 악한 의도로 접근하는 사람도 있고 애초 의도는 좋았지만 돈이 거짓말을 하는 바람에 본의 아닌 피해를 끼칠 때도 있습니다.

푸생 니콜라 〈아말렉과의 전투에서 승리한 여호수아〉

이 모든 리스크는 나이 듦을 준비하는 사람의 가슴을 갈기갈기 찢어놓습니다. 평생에 걸쳐 모은 소중한 돈과 기회를 통째 날리거나 열정과 시간, 기회를 모두 소진하고 절망의 나락에 빠지는 이들도 많습니다. 그런데 조금 더 경계하고 합리적으로 판단한다면 이런 하이에나의 덫에서 빠져나올 수 있습니다.

최고의 정보와 기회는 최고의 위험이다

유럽의 전설적 투자자 앙드레 코스톨라니는 "정보를 얻었다는 것은 종종 망했다는 뜻이다"라고 꼬집었습니다. 유망한 정보와 기회는 좀처럼 찾아오지 않습니다. 그것을 다른 사람으로부터 전해 들었다면 더 신빙성이 떨어집니다. 그 다른 사람이 이해관계 당사자라면 더욱더 믿기 어렵습니다. 하필이면 왜 나에게 이런 정보와 기회가 주어지는지 세심하게 살필 필요가 있습니다. 하이에나들은 마감 효과를 잘 이용합니다. 지금 즉시 하지 않으면 기회가 사라질 것처럼 말합니다. 차분히 조사하고 생각할 시간을 빼앗기 위해서입니다. 여기에 넘어간 어리숙한 사람들은 감정적 흥분 상태에서 중요한 계약을 하고 거액을 지불해버립니다. 나중에 후회하지만 때는 이미 늦습니다.

나이 듦을 준비하는 사람은 예기치 않은 기회와 정보가 주어졌을 때, 그것이 행운처럼 여겨질 때, 판단의 시간이 부족할 때 불운을 직감해야 합니다. 자세히 확인하고 심사숙고할 시간이 없다면 차라리 그 기회를 놓치는 편이 훨씬 더 낫습니다. 자칫하면 노후 자금 모두를 날리고 회복할 수 없는 상처를 남길 수 있는 위험한 사기에 미리 대비해야 합니다. 그 실용적인 방법을 소개하자면 다음과 같습니다.

첫째, 모든 면에서 합리적 의심을 품어야 합니다. 앞에서 말했듯 우연히 나에게 좋은 기회와 정보가 흘러들 가능성은 매우 낮습니다. 오랜 친구의 그럴듯한 제안도 일단은 의심해보아야 합니다.

둘째, 입체적으로 점검합니다. 무엇인가 중요한 의사결정을 할 때는 최소한 대여섯 가지 측면을 교차해서 확인할 필요가 있습니다.

① 기본 정보: 그 업체나 개인이 계약 당사자인지부터 확인해야 합니다. 남의 이름을 파는 경우도 많습니다. 그 사람이 준 명함이 아니라 객관적인 경로로 그 회사와 그 부서의 전화번호나 주소 등을 파악하고 내용에 대해 문의하면 실상을 확인할 수 있습니다.

② 공신력이 보장된 정보: 제안하는 사람이 내놓은 보고서나 해당 회사의 웹사이트 등은 신뢰할 만한 자료가 아닙니다. 객관적인 3자의 정보를 참고해야 합니다. 예를 들어 프랜차이즈 창업을 한다면 프랜차이즈협회 등의 사이트를 통해 내용을 파악할 수 있습니다. 먼저 상대방이 공신력 있는 기관에서 검증한 개

인이나 업체인지를 확인합니다. 그리고 실제 사업 실적은 어떤지 등에 대해 협회나 검증 기관이 내놓은 자료를 참고해야 합니다. 객관적으로 검증할 기관이 존재하지 않는다면 문제의 소지를 안고 있는 셈입니다.

③ 실제 참여자: 예를 들어 프랜차이즈 창업을 한다면 그 회사의 가맹점 중 여러 곳을 임의로 선정한 후에 직접 방문해서 자세한 내용을 들어보는 것이 좋습니다. 이 과정에서 수치로 드러나지 않는 위험성을 간파할 수도 있습니다.

④ 업계 전문가: 해당 내용에 정통한 전문가와 상담을 거치는 과정은 매우 유익합니다. 예를 들어 식당을 창업할 예정이라면 식당 창업 및 경영 전문가를 만나서 전망, 상권, 수익률, 애로점 등에 대해서 충분히 대화하는 것이 좋습니다.

⑤ 법률 전문가: 계약 내용에 대해 변호사에게 미리 법률적 자문을 받음으로써 문제의 소지를 미연에 방지할 수 있습니다. 협의한 내용과 계약의 내용이 일치하는지, 계약 이행의 유불리는 어떤지 등에 대해 꼼꼼하고 전문적인 점검이 필요합니다.

⑥ 평판 조회: 단순한 인터넷 검색을 통해 상대방의 실상을 한눈에 파악할 수도 있습니다. 이때 좋은 정보가 올라오도록 조작하는 경우도 많으니 특히 주의해야 합니다. 검색어에 '피해 사례', '사기' 등 부정적 검색어를 함께 포함하면 더 신뢰성 있는 정보를 얻을 수 있습니다. 친구 등 아는 사람과 거래할 때도 그 사람을 잘

아는 복수의 지인에게 내용을 충분히 물어보는 것이 좋습니다.

셋째, 어떤 제안을 받든 객관적 추가 자료와 검토할 충분한 시간을 요구하는 것이 좋습니다. 결정을 재촉하는 사람일수록 위험성이 높습니다. 그 자리에서 상대방에게 즉각적인 호감을 보이거나 성급한 행동에 나서는 것은 극히 위험합니다.

넷째, 공식적 절차를 거치십시오. 계좌번호를 받았다면 해당 회사 재무팀 등에 확인해서 이것이 공식적 법인 계좌가 맞는지 확인을 거친 후에 송금해야 합니다. 대금 지불 때 에스크로 서비스(결제대행 기관이 거래 완료 전까지 대금을 맡아두는 것)를 이용하는 것도 한 방법입니다. 중요한 계약은 변호사를 거쳐서 세부 조항을 확인하고 공증받은 후에 체결합니다. 다소 비용이 들고 시간이 걸린다 해도 엄격한 공식 절차를 이용하는 쪽이 훨씬 안전합니다. 이것은 상대방이 공식 절차를 회피하는지 확인할 계기가 된다는 점에서도 유용합니다.

여러 측면에서 꼼꼼히 검토하고 확인한 후에 의사결정을 해야 합니다. 한 가지라도 찜찜한 점이 있으면 철저히 규명한 다음에 행동하는 것이 마땅한 순서입니다. 이 찜찜했던 부분이 나중에 대형 사고의 불씨가 될 수도 있습니다.

다시 강조하지만, 크리스천으로서 정도를 벗어나는 마음, 즉 탐욕과 두려움, 인간에 대한 의지와 신뢰, 시간을 놓치면 기회가 사라질 것이라는 막연한 불안감 등을 버려야 합니다.

평안한 마음을 유지한 채 심사숙고하는 시간도 필요합니다. 주변 사람들과 다양한 대화를 하고 이를 개방적으로 수용하면 한쪽으로 쏠렸던 마음의 균형을 찾을 수도 있습니다. 그리고 그 과정에서 뜻밖의 결정적인 정보를 얻는 이도 많습니다.

· ·

선한 청지기

각각 은사를 받은 대로 하나님의 여러 가지 은혜를 맡은 선한 청
지기 같이 서로 봉사하라 (베드로전서 4장 10절)

주인이 아니라 청지기

저는 젊은 시절 돈과 기회에 관한 귀중한 권면을 하나 얻었습
니다. 내가 돈의 주인이라고 생각하지 말고 하나님께 그 돈의 관
리를 위임받은 청지기임을 자각하라는 내용이었습니다. 늘 부족
해서 쓰러지지만, 이 교훈은 늘 제 가슴에 남아 삶의 지침이 되
고 있습니다.

청지기 의식은 내게 주어진 시간과 재물, 기회를 내 욕망대로
쓰지 않고 하나님의 뜻이 무엇인지 먼저 생각하게 한다는 점에
서 훌륭한 길잡이가 됩니다.

나이 듦을 준비함에 있어서도 선한 주인이신 하나님께 모든 결과를 의탁하고 나는 그분의 뜻에 따라 성실히 일하다는 인식을 적용하면 중심을 잡기 쉬울 것이라 생각합니다.

청지기와 주인의 경제생활은 확연히 다를 것입니다. 그 출발은 십일조일 것입니다. 십일조는 내가 소유하게 된 돈의 실제 주인이 하나님임을 인정하는 것이라 배웠습니다. 또한, 우리는 헌금이라는 방식으로 하나님의 사역에 참여할 영광스러운 기회를 얻게 된다고 합니다. 저는 어려서부터 다녔던 고향 교회 목사님께 헌금이 축복의 길이라는 말씀을 수차례 들었습니다. 물론 하나님께서 기쁘게 헌금하는 사람을 경제적으로 축복하실 것입니다. 하지만 그렇지 않더라도 하나님의 사역에 함께한다는 자체만으로 무한한 기쁨이 되지 않을까요.

자족의 미덕

갈렙처럼 나이 들기 위해서는 돈을 목표로 삼지도 두려워하지도 말아야 한다는 말씀을 여러 차례 드렸습니다. 그만큼 돈은 현실에서 막강한 힘을 행사하며 때로는 우리를 실족에 빠뜨립니다.

돈을 섬기지 않고 돈을 지배하기 위해서 꼭 필요한 자세로 자족의 미덕을 꼽을 수 있습니다. 사도 바울은 "나는 비천에 처할 줄도 알고 풍부에 처할 줄도 알아 모든 일 곧 배부름과 배고픔과 풍부와 궁핍에도 처할 줄 아는 일체의 비결을 배웠노라 내게 능력 주시는 자 안에서 내가 모든 것을 할 수 있느니라(빌립보서 4장 12절~13절)"고 말함으로써 그리스도인이 돈을 대하는 높은 경지를 보여주었습니다.

저는 한때 "내게 능력 주시는 자 안에서 내가 모든 것을 할 수 있느니라"라는 구절에만 집중해서 예수를 잘 믿으면 큰돈도 벌 수 있는 양 오해한 적이 있습니다. 물론 그런 점도 있을 겁니다. 하지만 그 앞 구절과 연결지어 묵상하면서 충격에 빠졌습니다. 궁핍하든지 풍족하든지 기뻐하며 지낼 수 있다는 의미로 다가왔기 때문입니다.

자족함으로써 우리는 돈에서 자유를 얻을 수 있습니다. "그러나 자족하는 마음이 있으면 경건은 큰 이익이 되느니라 우리가 세상에 아무 것도 가지고 온 것이 없으매 또한 아무 것도 가지고 가지 못하리니 우리가 먹을 것과 입을 것이 있은즉 족한 줄로 알 것이니라 부하려 하는 자들은 시험과 올무와 여러 가지 어리석고 해로운 욕심에 떨어지나니 곧 사람으로 파멸과 멸망에 빠지게 하는 것이라 돈을 사랑함이 일만 악의 뿌리가 되나니 이것을 탐내는 자들은 미혹을 받아 믿음에서 떠나 많은 근심으로써 자기를 찔렀도다(디모데전서 6장 6절~10절)"는 말씀에서 중요한 교훈을 얻어야 합니다.

저는 우리에게 돈이 필요하지 않다거나 돈이 중요하지 않다고 생각하지 않습니다. 또한, 가난하더라도 무조건 현재의 경제 상

오병이어 ©123rf

황에 만족해야 한다고 받아들이지 않습니다. 다만 우선순위가 제대로 잡아야 함을 강조하고 싶습니다. 하나님은 하나님의 자리에 돈은 돈의 자리에 놓아야 할 것입니다.

자족의 덕을 실천하기 위해 돈과 소망을 분리해서 생각하는 태도를 권하는 분도 계십니다. 자본주의 사회에서 우리가 바라는 것은 돈, 즉 소비와 연결되어 있습니다. 무엇인가 한다는 것은 무엇인가를 사는 행위와 직결되기 마련입니다. 하지만 우리는 돈과는 분리된 바람에서 행복을 얻기도 합니다. 해외여행을 위해서는 많은 돈이 필요하지만, 집 가까운 공원을 산책하며 창조 세계의 아름다움을 느끼며 찬양을 드릴 수도 있습니다. 거창한 식사 대접이 아니라 물 한 잔 나누어 마시며 따뜻한 대화를 나누고 깊은 교제를 할 수도 있습니다.

이런 자족의 깊은 경지로 나아감으로써 돈에서 자유로운 영성을 얻을 수 있을 것입니다.

검약의 미덕

구두가 닳는 것을 막으려고 굽에 징을 박아 신고 다녔다. 계속 굽을 갈아가며 같은 디자인의 구두를 30년 넘게 신었다. 그가 세상을 떠나고 유물 중에 구두가 공개됐는데, 구두 양쪽 엄지 발톱 위에 각각 구멍이 나 있었다.

입고 다니는 옷은 춘추복 한 벌로, 겨울에는 양복 안에 내의를 입고 지냈다. 그의 등산 바지는 재봉틀로 깁고 기운 지게꾼 바지와 다름없었다.

거실 소파의 가죽은 20년 이상 사용해 해져 허옇고, 의자와 테이블의 목재들은 칠이 벗겨져 수리한 자국을 여기저기서 볼 수 있었다.

그 흔한 그림이나 장식품도 없었고, TV는 요즘 흔히 볼 수 있는 대형 브라운관이 아닌 17인치 소형이었다.

어느 가난한 노인이 이렇게 살았을까요? 이 이야기의 주인공은 현대그룹 창업주인 고 정주영 회장입니다. 고인수 성균관대 상임이사가 개인 홈페이지(http://www.kosoo.net)를 통해 밝힌 내용을 인용해보았습니다. 엄청난 부를 누릴 수 있었던 정 회장은 이렇듯 검소한 생활을 유지했습니다.

저는 은퇴설계를 할 때 노후자금을 풍부하게 하는 중요한 방법 중 하나로 검약을 들곤 합니다. 노후에 건전한 소비습관을 통해 드는 돈을 줄임으로써 노후자금을 늘리는 것과 같은 효과를 거둘 수 있기 때문입니다.

갈렙은 광야에서 생활하면서 필요한 만큼만 소비하는 데 훈련되어 있었습니다. 일용할 양식 이상의 만나를 거두면 그것은 썩어버렸습니다. 그래서 먹을 수 없게 되었습니다. 안식일에만 이틀

치를 보관할 수 있었습니다.

그리스도인은 욕망이 아니라 필요에 따라 소비해야 한다는 권면의 말씀을 들은 적이 있습니다. 그런데 문제는 욕망과 필요의 경계를 알 수가 없다는 것입니다. 하지만 스스로 속이지 않고 성찰함으로써 어느 정도 기준을 세울 수는 있을 겁니다.

세상이 생각하듯 소비 규모가 그 사람의 가치를 드러내지는 않습니다. 사람의 생명은 그 소유의 넉넉한 데 있는 것은 아닙니다. 고 한경직 목사님의 유품이 공개된 것을 본 적이 있습니다. 낡고 오래된 소박하기 이를 데 없는 물건에서 그분의 아름다운 삶의 궤적이 느껴졌습니다. 자족하며 검소하고 건전한 소비를 하는 것은 우리의 경제생활을 진정으로 풍요롭게 만들 수 있습니다.

구제의 미덕

저는 그리스도인은 검소하지만 인색하지는 않아야 한다고 배웠습니다. 자신의 소유와 소비를 아껴서 가난한 사람을 돕고 섬기는 일은 그리스도인 경제생활의 미덕입니다. 그런데 여기에서 하나님의 경제학이 실현됩니다. "흩어 구제하여도 더욱 부하게 되는 일이 있나니 과도히 아껴도 가난하게 될 뿐이니라 구제를 좋아하는 자는 풍족하여질 것이요 남을 윤택하게 하는 자는 자기도 윤택하여지리라(잠언 11장 24절)"는 말씀에 이런 경제원리가 녹아 있습니다.

신학자 크레이그 블롬버거는 『가난하게도 마옵시고 부하게도 마옵소서』라는 책에서 풍요로운 현대 기독교인이 구제의 아름다운 전통을 잃어버렸다고 지적하며 안타까운 마음을 표현했습니다. 이런 맥락에서 부자를 위한 권면을 되새겨 봅니다.

네가 이 세대에서 부한 자들을 명하여 마음을 높이지 말고 정함이 없는 재물에 소망을 두지 말고 오직 우리에게 모든 것을 후히 주사 누리게 하시는 하나님께 두며 선을 행하고 선한 사업을 많이 하고 나누어 주기를 좋아하며 너그러운 자가 되게 하라 이것이 장래에 자기를 위하여 좋은 터를 쌓아 참된 생명을 취하는 것이니라 (디모데전서 6장 17절~19절)

. .

나이 듦을 준비하는
재무설계

너희 중의 누가 망대를 세우고자 할진대 자기의 가진 것이 준공하
기까지에 족할는지 먼저 앉아 그 비용을 계산하지 아니하겠느냐
(누가복음 14장 28절)

사명 중심의 재무설계

실무 현장에서 가장 흔하게 이루어지는 재무설계 방식은 금융
회사에 의해 주도되는 것입니다. 이것은 평균적으로 얼마가 필요
하니, 어떠한 방법으로 얼마를 저축하라는 식입니다. 이것은 위
험하고 비효율적으로 흐를 가능성이 높습니다. 정작 중요한 삶의
가치를 빠뜨리고 있기 때문입니다.

더욱이 그리스도인이라면 사명의 실현을 중심으로 재무설계
를 해야 합니다. 편협한 틀을 벗고 전체적인 삶의 설계와 조화와

균형을 이루어야 합니다. 그리고 재무설계가 사명의 실현을 위해 재원을 뒷받침하는 형태로 구성될 필요가 있습니다.

보통의 재무설계와는 그 방식이 달라 혼란스러울 수도 있을 겁니다. 하지만 저는 이런 접근법이 더 바람직하다고 생각합니다. 재무설계는 그 자체로 목적이 될 수 없습니다. 내게 주어진 사명과 계획, 생활을 뒷받침하는 효과적 도구가 되어야 합니다. 그런데 본말이 전도되는 경우가 자주 생깁니다. 일정액의 자금이 마련되어야 하고 그 돈만 있으면 그다음부터 노후 생활 계획을 세울 수 있으리라 여기는 경향이 존재합니다.

이것은 불합리합니다. 은퇴 후 삶의 설계와 자금 준비 두 측면에서 모두 실패할 가능성이 높은 접근법이기 때문입니다. 저는 사명을 중심에 놓고 그를 뒷받침하는 실무적 계획으로 자금 준비 계획을 세우는 것이 타당하다고 봅니다.

갑작스러운 위기 대비

삶이 우리가 바라고 계획한 대로 무리 없이 진행된다면 얼마나 좋을까요? 그러나 현실은 그렇지 못합니다. 예기치 않은 불행과 위기가 찾아와 우리를 고통에 빠뜨립니다. 나이 든 후의 삶은 더욱 그렇습니다. 햇빛이 모두에게 공평하게 비추듯 그리스도인에게도 불행이 찾아올 수 있습니다. 주 안에서 이것을 이길 힘을 공급받는다는 점이 분명히 다릅니다.

우리는 실용적인 차원에서 피해와 충격을 최소화할 장치를 마련할 수 있습니다. 보험을 통해 보장 자산을 늘리는 것이 그 방법일 수 있습니다. 나는 나이 듦을 준비하며 보험설계를 할 때는 최소한 네 가지 영역의 위험에 대비해야 한다고 봅니다.

첫째, 가계를 책임진 사람이 조기에 사망하는 위험입니다. 이런 일이 일어나면 남은 가족들이 생계의 부담을 안게 됩니다. 이에 대비한 것이 종신보험과 정기보험입니다. 종신보험은 언제든 사망할 때 보험금이 지급되고 정기보험은 약정한 기간 내에 사망했을 때만 보험금이 나옵니다. 예를 들어 60세 이전에 사망했을 경우에만 보험금이 나오는 등의 방식입니다. 종신보험은 그 특성상 상속의 용도로 많이 활용됩니다. 상속세 재원을 만드는 데도 효과적입니다. 하지만 보험료가 비쌉니다. 그래서 저는 보험료는 싸지만 같은 보장 효과를 갖는 정기보험을 자주 추천하곤 합니다. 그 보장기간을 넘겨서 생존하면 보험료를 날린다는 불평이 있지만 보험의 본질적 성격에는 정기보험이 더 맞다고 봅니다.

둘째 의료비 부담 위험입니다. 실손 의료보험으로 대비할 수 있습니다. 나이가 들수록 병원 신세 질 일이 많습니다. 국민건강보험이 있지만 모든 치료비를 다 보장해주지는 않습니다. 치료비의 개인 부담금이 높은 경우도 많습니다. 따라서 가족 치료비를 보장할 보험에 미리 가입해두는 것이 효과적입니다.

셋째, 중대 질병 위험입니다. 암은 노년기 발병률이 높은 질환입니다. 각종 중증 성인병도 마찬가지입니다. 치료비뿐만 아니라 치료기간의 생활비 등도 큰 부담입니다. 이에 대한 대비가 필요합니다.

넷째, 간병 위험이 있습니다. 불행한 일이지만 노후에 치매나 거동 장애 등의 질환으로 누군가의 지속적인 보살핌을 받아야 할 경우도 생길 수 있습니다. 평균수명이 늘수록 이런 위험은 더 커집니다. 보험상품을 활용하면 이런 간병 위험에도 대비할 수 있습니다.

저는 보험의 가입과 보험상품의 선택에 대해서 두 가지 언급하고자 합니다.

첫째, 위험 대비의 본질적 목적에 맞춰 보험을 선택하라는 것입니다. 보험료는 본질적으로 '저축'이 아니라 위험에 대비하는 '비용'의 성격을 갖고 있습니다. 그런데 우리나라에서는 "내신 보험료 그대로 돌려주는" 방식이 지나치게 선호됩니다. 보험에 있어서는 원금에 집착하지 않는 게 좋습니다. 그래야 위험에 대비하면서도 보험료를 낮출 수 있기 때문입니다. 원금을 돌려주는 형태의 보험은 그만큼 보험료가 비쌉니다. 그래서 저는 만기 후 보험료를 돌려주지 않는 완전 보장성보험을 추천합니다.

둘째, 비교를 통해 합리적인 상품 선택을 하라는 것입니다. 예를 들면 보험료 비교 사이트 등을 이용하여 자기 주도적인 선택을 하는 것도 좋습니다. 요컨대 같은 보험료라면 더 보장이 뛰어난 상품, 같은 보험금을 준다면 보험료가 더 낮은 쪽을 선택하는 지혜가 필요합니다.

소득대체율과 연금설계

은퇴 후 수입이 없을 때 매월 일정한 생활비를 받을 수 있도록 미리 준비하는 효과적인 방법이 연금입니다. 앞서 말씀드린 것처럼 나이 듦의 준비가 연금에 집중되어서는 안 됩니다. 하지만 연금은 노후의 안전장치로서 중요한 기능이 있음을 간과해서는 안 될 것입니다.

연금을 언제부터 얼마나 받을 수 있도록 준비할지는 사람마다 다릅니다. 은퇴 후 경제활동 여부, 소비습관과 규모, 현재의 저축 여력 등을 고려해서 적절한 금액을 찾아야 합니다. 이때 중요한 개념으로 '소득대체율'이 있습니다. 소득대체율은 간단히 말해, 연금으로 생애 평균소득의 몇 퍼센트를 채울 수 있는지를 측정하는 것입니다. 어떤 사람이 은퇴 전 매월 평균 300만 원의 수입을 얻었는데 은퇴 후 150만 원의 연금을 받는다면 소득대체율이 50%입니다.

은퇴설계 전문가들은 갑작스러운 단절이나 결핍 없이 노후 경제생활을 하려면 소득대체율이 70~80% 수준까지는 되어야 한다고 말합니다. 하지만 연금으로 이 정도의 소득대체율을 달성하는 사람은 매우 드뭅니다. 공무원연금이나 사학연금, 군인연금을 받는 분이나 높은 금액의 개인연금을 낼 수 있는 사람이 아니라면 현실적으로 어려운 수치입니다.

그래서 은퇴 후의 각 시기에 따라 필요한 생활비를 설정해놓고 이것을 채우도록 계획하는 것이 좋습니다. 그리고 공적연금과 사적연금을 적절히 결합해서 확보합니다.

최근에 상담한 A 집사님의 예를 들어 보겠습니다. A 집사님은 지금 만 50세인데, 60세 정년을 앞두고 있으며 현재까지 20년간 직장생활을 했습니다. 평균 임금은 300만 원으로 예상합니다. 이 분이 은퇴 후 생활비로 180만 원이 필요하다면 소득대체율은 60%입니다. A 집사님은 정년 이후 5년간은 직업 활동을 할 계획입니다. 그래서 65세부터 연금을 받도록 준비했습니다.

A 집사님이 정년퇴직까지 국민연금을 넣으면 가입기간이 30년이 됩니다. 그러면 63세부터 매월 현재 가치로 777,410원의 연금을 받을 수 있습니다. 소득대체율 26%입니다.

A 집사님은 10년 전 퇴직금 중간정산을 한 후 10년 동안 퇴직연금에 가입되어 있으며 정년까지 10년 더 퇴직연금에 들 것입니다. A 집사님이 65세부터 20년간 연금을 받는다면 확정기여형DC 기준 현재 가치로 월 47만 원 내외의 연금을 받을 수 있습니다. 소득대체율 16%입니다.

A 집사님은 국민연금과 퇴직연금으로 42%의 소득대체율을 확보했습니다. 목표보다 18% 부족합니다. 이 부분을 개인연금으

로 대체합니다. 그래서 정년퇴직까지 10년간과 정년 후 경제활동 기간 5년간을 합쳐 앞으로 15년간 월 50만 원 내외의 연금보험을 낸 후 65세부터 20년간 현재 가치 월 55만 원가량의 연금을 받도록 계획했습니다. 이로써 소득대체율 60% 설계가 완성되었습니다.

A 집사님의 경우 주택 등 재산이 있고 연금소득도 높기 때문에 현재 기준으로는 기초연금 수령 대상이 아닌 것으로 예상됩니다. 그래서 기초연금을 설계에 반영하지 않았습니다.

이렇게 기초연금을 0층, 국민연금을 1층, 퇴직연금을 2층, 개인연금을 3층에 놓는 방식으로 연금을 준비하는 것을 연금의 다층 설계라고 합니다.

공적연금의 가치

연금은 소득이 없는 노후에 매월 일정액을 받음으로써 생활의 기반으로 삼기 위한 저축입니다. 정부에 의해 공적으로 운영되는 연금도 있고 개인연금도 있습니다.

연금설계의 기본은 공적연금입니다. 기초연금과 국민연금이 여기에 해당합니다. 그런데 이런 공적연금에 대한 불신과 불만이 대단합니다. 특히, 국민연금에 대해서는 나중에 받을 수 있기는 한 건지 등을 질문하는 사람이 있을 정도로 회의적인 반응이 많습니다.

저는 국가의 기본적인 사회복지 체계와 연금 시스템을 신뢰해야 한다고 봅니다. "모든 자에게 줄 것을 주되 조세를 받을 자에게 조세를 바치고 관세를 받을 자에게 관세를 바치고 두려워할 자를 두려워하며 존경할 자를 존경하라(로마서 13장 7절)"의 말씀처럼 조세와 준조세 체계를 존중할 필요가 있습니다.

공적연금 중 가장 기본을 이루는 것이 기초연금입니다. 기초연금은 기존에 시행되던 기초노령연금을 개편한 것으로 2014년 7월 25일에 처음으로 지급되었습니다. 2014년 7월 기준 65세 이상 노인이 639만 명인데 그중 소득인정액 하위 70%인 447만 명이 기초연금을 받게 되고 수령자 중 90%가량인 406만 명이 매월 20만 원, 그 외는 국민연금 가입기간과 연계해서 10~20만 원 차등해서 받습니다.

기초연금이 연금의 0층을 이룬다면 국민연금은 1층이라 할 수 있습니다. 불신의 시선이 많긴 하지만 국민연금은 효과적입니다. 현재 존재하는 연금 중에서 국민연금만큼의 수익성을 보장하는 상품은 없습니다. 직장생활을 하는 사람은 회사가 연금의 절반을 부담해주니 더더욱 유리합니다. 특히 소득이 낮을수록 상대적으로 적게 내고 많이 탈 수 있도록 설계된 게 국민연금입니다. 지금 당장 어렵다고 국민연금을 피하면 노후의 경제생활이 어려워질 수 있습니다. 더 유리한 국민연금은 외면하고 그보다 덜 유리한 개인연금에 가입하는 분도 계신데 이것은 합리적이지 않습

국민연금 노령연금 예상 월액표(단위: 원/월)

소득등급	가입기간 중 기준 소득 월액 평균액	연금보험료 (9%)	가입기간						
			10년	15년	20년	25년	30년	35년	40년
1	250,000	22,500	123,640	180,240	234,990	250,000	250,000	250,000	250,000
2	300,000	27,000	126,470	184,460	240,360	296,260	300,000	300,000	300,000
3	400,000	36,000	132,120	192,710	251,110	309,510	367,910	400,000	400,000
4	500,000	45,000	137,780	200,960	261,860	322,760	383,660	444,560	500,000
5	600,000	54,000	143,440	209,210	272,610	336,010	399,410	462,810	526,210
6	700,000	63,000	149,090	217,460	283,360	349,260	415,160	481,060	546,960
7	800,000	72,000	154,750	225,710	294,110	362,510	430,910	499,310	567,710
8	900,000	81,000	160,400	233,960	304,860	375,760	446,660	517,560	588,460
9	990,000	89,100	165,500	241,390	314,540	387,690	460,840	533,990	607,140
10	1,000,000	90,000	166,060	242,210	315,610	389,010	462,410	535,810	609,210
11	1,100,000	99,000	171,720	250,460	326,360	402,260	478,160	554,060	629,960
12	1,200,000	108,000	177,370	258,710	337,110	415,510	493,910	572,310	650,710
13	1,300,000	117,000	183,030	266,960	347,860	428,760	509,660	590,560	671,460
14	1,400,000	126,000	188,690	275,210	358,610	442,010	525,410	608,810	692,210
15	1,500,000	135,000	194,340	283,460	369,360	455,260	541,160	627,060	712,960
16	1,600,000	144,000	200,000	291,710	380,110	468,510	556,910	645,310	733,710
17	1,700,000	153,000	205,650	299,960	390,860	481,760	572,660	663,560	754,460
18	1,800,000	162,000	211,310	308,210	401,610	495,010	588,410	681,810	775,210
19	1,900,000	171,000	216,970	316,460	412,360	508,260	604,160	700,060	795,960
20	2,000,000	180,000	222,620	324,710	423,110	521,510	619,910	718,310	816,710

소득 등급	가입기간 중 기준 소득 월액 평균액	연금보험료 (9%)	가입기간						
			10년	15년	20년	25년	30년	35년	40년
21	2,100,000	189,000	228,280	332,960	433,860	534,760	635,660	736,560	837,460
22	2,200,000	198,000	233,940	341,210	444,610	548,010	651,410	754,810	858,210
23	2,300,000	207,000	239,590	349,460	455,360	561,260	667,160	773,060	878,960
24	2,400,000	216,000	245,250	357,710	466,110	574,510	682,910	791,310	899,710
25	2,500,000	225,000	250,900	365,960	476,860	587,760	698,660	809,560	920,460
26	2,600,000	234,000	256,560	374,210	487,610	601,010	714,410	827,810	941,210
27	2,700,000	243,000	262,220	382,460	498,360	614,260	730,160	846,060	961,960
28	2,800,000	252,000	267,870	390,710	509,110	627,510	745,910	864,310	982,710
29	2,900,000	261,000	273,530	398,960	519,860	640,760	761,660	882,560	1,003,460
30	3,000,000	270,000	279,190	407,210	530,610	654,010	777,410	900,810	1,024,210
31	3,100,000	279,000	284,840	415,460	541,360	667,260	793,160	919,060	1,044,960
32	3,200,000	288,000	290,500	423,710	552,110	680,510	808,910	937,310	1,065,710
33	3,300,000	297,000	296,150	431,960	562,860	693,760	824,660	955,560	1,086,460
34	3,400,000	306,000	301,810	440,210	573,610	707,010	840,410	973,810	1,107,210
35	3,500,000	315,000	307,470	448,460	584,360	720,260	856,160	992,060	1,127,960
36	3,600,000	324,000	313,120	456,710	595,110	733,510	871,910	1,010,310	1,148,710
37	3,680,000	331,200	317,650	463,310	603,710	744,110	884,510	1,024,910	1,165,310
38	3,750,000	337,500	321,610	469,090	611,240	753,390	895,540	1,037,690	1,179,840
39	3,890,000	350,100	329,530	480,640	626,290	771,940	917,590	1,063,240	1,208,890
40	3,980,000	358,200	334,360	487,820	635,720	783,620	931,530	1,079,430	1,227,330

니다. 저는 국민연금을 잘 활용하시기를 권유 드립니다.

하지만 국민연금만으로는 충분한 연금보장이 되지 않습니다. 소득대체율이 낮기 때문입니다. 평균적으로 볼 때 국민연금의 소득대체율은 25% 내외입니다. 그래서 국민연금과는 별도의 장치가 필요합니다.

퇴직연금

국민연금을 보충할 다른 장치로 퇴직연금을 들 수 있습니다. 퇴직금을 연금형으로 바꾼 게 퇴직연금입니다. 퇴직금을 한 번에 받아서 다 써버리는 게 일반적이었는데 이것을 노후 연금으로 전환하자는 취지가 있습니다. 저는 은퇴설계 관점에서 보았을 때 퇴직금에 대한 사회적 인식을 바꾸어야 한다고 봅니다. 퇴직금을 한 번에 받는 목돈이 아니라 은퇴 후의 연금이라는 발상을 가져야 합니다.

안타깝게 현실은 그렇지 못합니다. 2012년에 퇴직한 근로자 중에서 연금을 선택한 사람은 단 2%라고 합니다. 2005년에 도입되어 10년이 다 되어가는데도 퇴직연금이 아직 그 역할을 못하고 있는 형편입니다.

은퇴 후의 재산은 즉시 현금으로 바꿀 수 있는 형태보다는 잘게 나누어 받는 형태가 좋습니다. 이것을 자산을 '연금화' 한다고 말합니다. 퇴직금이 목돈으로 존재한다면 잘못된 선택을 하기 쉽습니다. 위험한 금융상품에 가입하거나 준비 없이 사업을 벌이다가 실패하거나 투자해서 날릴 수도 있습니다. 하지만 퇴직연금의 형태라면 거액이 오가는 위험한 투자를 하기가 어렵습니다. 또한 노후자금이라는 명확한 인식이 생기기 때문에 심리적으로도 그 돈을 빼내지 않으려는 경향이 강합니다.

이직이 잦은 현실에서 퇴직금을 장기간 연금으로 적립하기 어려운 경우가 있습니다. 이럴 때는 IRP라고 부르는 개인형 퇴직연금을 활용하는 게 효과적입니다.

이직하면서 받은 퇴직금을 그때그때 쓰지 않고 퇴직연금 계좌에 넣어서 운용하다가 최소한 55세 이후 최소 10년 이상 연금으로 받는 방식입니다. 근무했던 여러 회사의 퇴직금을 한데 모았다가 연금으로 받는 셈입니다. 퇴직금을 받을 때는 세금을 떼는데 IRP를 선택하면 연금을 받을 때까지 세금 부과가 연기됩니다. 또 연말 정산 시에 소득공제 혜택도 있어서 유리합니다.

자영업을 하는 분들은 따로 퇴직금이 없어서 곤란한 경우가 많습니다. 저는 이분들을 위해 중소기업중앙회에서 운영하는 노란우산공제를 추천하고 싶습니다. 자영업자, 소기업, 소상공인 등을 대상으로 하는데 공제금을 붙고 있다가 폐업, 사망, 노령 등의 사유가 있을 때 일시금을 지급하는 방식입니다. 이 돈은 압류가 되지 않기 때문에 사업 재기나 생활의 버팀목이 될 수 있습니다. 소득공제 혜택도 있습니다. 다만, 연금이 아니라 일시금의 방식이라는 점을 염두에 두어야 할 것 같습니다. 그래서 사업을 하시는 분들이 연금으로 소득 대체율을 높이려면 이와는 별도의 장치가 필요하지 않을까 생각합니다.

개인연금

개인연금은 국민연금과 퇴직연금의 틀 위에서 부족한 부분을 보충하는 방식으로 선택하면 됩니다. 앞에 예를 든 A 집사님이 소득대체율의 부족한 부분을 개인연금으로 충당했던 것과 마찬가지입니다. 그런데 이때 주의할 점이 있습니다. 목표한 소득대체율을 채우기 위해서 무리한 개인연금을 계획해서는 안 된다는 것입니다.

개인연금은 대표적인 장기저축상품입니다. 10년 이상 납입한 후해야 제대로 된 연금을 받을 수 있습니다. 만약 중간에 포기하면 연금으로서의 효과가 상실되기 쉽습니다. 소득대체율의 부족한 부분에 얽매이기보다는 내가 충분히 장기간 낼 수 있는 수준의 금액을 정해서 개인연금을 드는 것이 효과적입니다.

연금 수령 시점을 최대한 뒤로 미룬다

'은퇴 재무설계는 곧 연금설계'라는 공식이 만연합니다. 그래서 55세나 60세 등 은퇴 직후부터 연금을 받는 계획을 세우는 경우가 많습니다. 은퇴까지 기간이 얼마 남지 않은 상황에서 재무설계를 시작할 때는 매월 납부해야 할 연금액이 지나치게 높아지는 경향이 있습니다.

저는 여기에 대해 다르게 생각합니다. 55세부터 75세 정도의 연령(평균적인 기준)을 제2의 활동기로 정해놓고 은퇴 재무설계를 시작하는 것이 좋다고 봅니다. 이 기간에는 연금 수령을 계획하지 않는 게 효과적입니다. 그 대신 이 시기를 위한 창업 자금, 재취업 자금, 창업 및 재취업이 미진할 경우 예비비, 봉사·예술·집필·여가 생활비 등을 별도로 저축합니다.

그리고 제2활동기에도 노후연금을 계속 납입합니다. 50세부터 연금 납입을 시작하더라도 적어도 70세까지 20년을 넣을 수 있습니다.

연금을 탈 시점을 75세나 80세부터 등 활동이 어려운 시기로 최대한 미룹니다. 연금을 간병보험 등과 함께 활동하기 힘든 시기의 최후 보루로 삼는 방식입니다. 그러면 매월 내는 금액도 적고 연금을 타는 금액도 높아지고 시기도 그만큼 길어집니다. 이것이 평균수명이 늘어나고 신체적·정서적으로 젊어진 현대인에게 더 적합한 은퇴 재무설계의 기본 사고방식이라 생각합니다.

평균적인 은퇴 시점이라는 55세부터 개인연금을 수령하도록 준비해야 한다는 일종의 강박관념은 나쁜 결과를 초래하기 십상입니다. 그러려면 적어도 30대에 개인연금 납입이 시작되어야 하며 그 부담도 만만치 않습니다. 그렇지 않고 대다수가 그렇듯

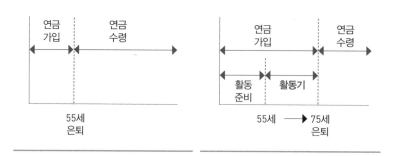

기존 은퇴 재무설계	변화된 은퇴 재무설계

40대 이후에 연금을 낸다면 전체 수입 중 개인연금 납입액의 비중이 굉장히 높아집니다. 한마디로 55세부터 행복해지려고 젊은 시기를 연금에 저당 잡힌 삶을 살아야 한다는 이야기입니다. 그런데 이렇게 준비해도 연금 수령 기간은 그리 길지 않습니다. 55세부터 20년 내외가 될 가능성이 높습니다.

그러면 창업 등 제2도약이 필요한 시기에는 목돈이 부족하고 활동력이 떨어져 진짜 연금이 필요한 시기에는 개인연금의 혜택을 받지 못하는 부조리한 결과를 겪을 수도 있습니다.

물론 55세부터 75세까지를 대비한 분명한 대책과 준비를 해야 한다는 것은 부인할 수 없는 사실입니다. 그러나 꼭 연금만이 정답이라고 할 수는 없습니다. 이 시기는 경제활동을 할 수 있는 때입니다. 더군다나 자신이 꿈꾸던 일, 진정으로 원하는 일을 다시 시작할 수 있는 황금의 시기일 수도 있습니다. 그러려면 이 시기에 집중적으로 무언가를 시작할 수 있는 '목돈'을 모아야 합니다.

요컨대 재무설계는 은퇴 후 사명을 실현하는 데 실질적인 뒷받침을 줄 수 있도록 이루어져야 합니다. 이를 위해서는 은퇴 후 시기를 제2활동기와 노후기의 둘로 나누고 각각을 위한 별도의 플랜을 수립하는 것이 효과적입니다. 물론 뜻한 대로 되지 않을 때를 대비한 리스크 관리에도 철저해야 합니다. 연금은 진짜 노후老後에 효과적으로 쓰이도록 그 수령 시점을 최대한 뒤로 미룹니다. 나중에 더 빨리 필요하다면 수령 시점을 당기면 됩니다.

이렇듯 '돈 중심'이 아니라 '사명 중심'으로 재무설계의 방향을 이동함으로써 균형 잡힌 계획의 토대를 쌓을 수 있습니다.

자산부채현황표와 현금흐름표 활용

저는 은퇴설계 상담을 하면서 매우 단순하지만 강력한 힘을 발휘하는 도구 한 가지를 즐겨 씁니다. 그것은 바로 T자형의 양식입니다. 이것은 자신의 자산, 부채, 수입, 지출 등의 재무 상황을 한눈에 파악할 수 있도록 도와줍니다. 그 결과 현재 무엇이 문제이고 무엇을 개선해야 할지를 직관적으로 알아차릴 수 있도록 제시해주는 효과가 있습니다.

이것은 제가 만든 독창적인 도구는 아닙니다. 13세기 말 피렌체에서 시작된 후에 700년 넘게 사용되며 엄청난 영향력을 발휘했습니다. 바로 복식부기의 대차대조표와 손익계산서가 이것입니다. 전 세계 기업과 기관들은 대부분 이 도구를 사용합니다. 하지만 개인 재무설계 영역에서 이 효과적인 도구를 잘 활용하는 이는 많지 않습니다. 잘만 쓴다면 매우 큰 효과를 낳을 수 있는데도 말입니다.

회사나 다른 조직의 살림살이는 잘하는데 개인 재정관리는 엉망인 사람들이 종종 있습니다. 공식적인 체계와 절차를 따라서 합리적으로 수입을 관리하고 예산을 통해 지출을 통제하는 데는 능숙하지만 개인에게 자유가 보장된 영역에서는 그렇게 엄밀하지 않기 때문입니다. 그런 점에서 '돈'에 관해 공적인 조직이 요구하는 엄밀함을 개인 재정의 영역으로 옮겨올 수 있다면 상상 이상의 효과를 거둘 수 있습니다. T자 도구는 이 과정에서 큰 역할을 합니다.

나는 기업의 대차대조표 프로세스를 응용해 개인의 '자산부채현황표'를 작성하고 손익계산서를 응용해 개인 '현금흐름표'를 작성하여 활용할 것을 권합니다.

① 자산부채현황표는 쉽게 말해 돈의 성적표라고 할 수 있습니다. 개인은 자신의 돈에 관한 성적표, 즉 자신의 자산과 부채에 대한 그림을 명확하게 그릴 수 있어야 합니다. 자산이란 지금 내가 무엇을, 얼마나, 어떻게 소유하고 있는가를 나타내고, 부채란 무엇을, 얼마나, 어떻게 빚지고 있는가를 나타냅니다. 자산에서

자산	부채
① 현금 유동성 자산	부동산 관련 장기부채
② 금융투자 자산	소비성 유동부채 ─ 단기부채
③ 부동산자산	└ 장기부채
④ 연금·은퇴자산	
⑤ 보장자산	
⑥ 기타 자산	
	순자산

부채를 차감한 것이 순자산입니다. 순자산 가치의 증감이 재무적 성공을 좌우합니다.

② 개인 현금흐름표는 현금의 유입과 유출로 구분하여 기록합니다. 현금을 사용했거나 자산의 구성 요소에 투입되었을 경우는 현금의 유출로, 소득의 원천이 새롭게 생겨났을 때는 현금의 유입으로 나타냅니다. 여기서 현금 유입은 갑작스럽게 커질 수 없습니다. 그러므로 철저한 지출 관리를 현금흐름표를 통해 인지하

개인 현금흐름표

유입(소득원)	유출	
이자소득	저축	생산적 / 소모적
배당소득		
부동산 임대소득	투자	생산적 / 소모적
연금소득		
사업소득	지출	고정 / 변동 / 기타 잡지출
근로소득		
기타소득		

*기타 잡지출은 계획에 없던 임의의 지출로 이것을 철저히 통제해야 합니다.

고 실행할 필요가 있습니다.

현금흐름표의 왼쪽은 소득원을 표시하여 현금의 유입을 나타냅니다. 소득원이 여러 곳이라면 한 곳일 때보다 안정적인 재무상태를 유지할 수 있습니다. 오른쪽은 현금의 유출을 나타냅니다. 유출은 생산적인 것과 소모적인 것으로 구분합니다. 저축이나 투자가 소모적일 게 뭐가 있냐고 묻는 분이 계십니다. 그러나 물가상승률에 못 미치는 금리의 예금, 손실 위험이 중대한 투자상품 등은 소모적 저축과 투자라 할 수 있습니다.

현금흐름표의 유입과 유출은 반드시 일치해야 합니다. 개인의 재무상황이 개선될수록 현금흐름표의 유입과 유출은 일치하게 됩니다.

은퇴 재무설계에서 T자를 효과적으로 활용할 수 있습니다. 먼저 미래 시점의 예상 T자를 그려봅니다. 현재 자산구조가 자연스럽게 이어진다면 은퇴 시점에서 나의 자산부채현황표는 어떻게 될 것인지, 현재와 같이 준비하고 소비 습관을 유지한다면 은퇴 후 나의 수입과 지출 구조는 어떨 것인지, 그것이 이상적인지 등을 따져봅니다.

다음으로 특정 시점을 기준으로 목표로 삼는 자산부채현황표와 현금흐름표를 그려봅니다. 은퇴 직후 어떤 재무 상황을 기대하는지를 자산부채현황표와 현금흐름표로 표현하는 것입니다. 65세~70세 무렵 제2활동기의 자산부채현황표, 현금흐름표를 그려보고 80세 무렵 노후기의 자산부채현황표, 현금흐름표도 작성해보면 구체적인 재무설계의 윤곽이 드러날 것입니다.

이렇듯 여러 시점에서 희망하는 수준의 자산부채현황표와 현금흐름표를 그린 후에 이 표를 이루기 위해서는 지금 무엇을 해야 할지를 꼼꼼히 따져봄으로써 현재 재무설계의 과제를 도출할 수 있습니다.

. .

나이 듦과 일

사람이 하나님께서 그에게 주신 바 그 일평생에 먹고 마시며 해 아래에서 하는 모든 수고 중에서 낙을 보는 것이 선하고 아름다 움을 내가 보았나니 그것이 그의 몫이로다 또한 어떤 사람에게든 지 하나님이 재물과 부요를 그에게 주사 능히 누리게 하시며 제 몫을 받아 수고함으로 즐거워하게 하신 것은 하나님의 선물이라 (전도서 5장 18절~19절)

나이 들어서도 일한다

햇살을 머금은 물결이 아름답게 반짝이는 드넓은 지중해, 푸른 파도를 가르는 흰색 세련된 요트, 그 위에서 선선한 바람과 풍요로운 햇살을 만끽하며 여유와 휴식을 즐기는 삶. 청년기에 품곤 하는 노년기 삶에 대한 로망은 대개 이런 식입니다.

그러나 이 꿈은 오래가지 않습니다. 은퇴 이후를 걱정근심 없는 휴식과 연결하던 치기 어린 환상은 이내 깨지고 맙니다. 이것이 현실적이지 않을뿐더러 그리 행복한 것만은 아니라는 사실을 곧 알게 되기 때문입니다.

대한민국에서 은퇴란 단어는 더는 '휴식'의 이미지를 갖지 못합니다. 통계청이 2012년에 조사한 결과를 보면 55~79세 남성 중 72.5%가 같은 나이의 여성 중 47.2%가 계속 일하고 싶어한다고 합니다.

2014년 6월 초에 OECD는 회원국들의 평균 실질 은퇴 연령을 발표했습니다. 우리나라 남성들은 71.1세까지 일해서 72.3세의 멕시코에 이어서 가장 늦게 일을 그만두는 순위 2위를 차지했습니다. 여성은 69.8세인데, 70.4세의 칠레에 이어 2위입니다. OECD 국가의 평균 실질 은퇴 연령은 남성이 64.2세, 여성이 63.1세로 나타났습니다.

우리가 아는 정년과는 차이가 있어서 혼란스러울 수 있을 겁니다. 우리가 정년이라고 부르는 55세나, 60세는 주된 직장에서 물러나는 시기를 말합니다. 이것을 공식 은퇴연령이라고 부릅니다. 우리나라의 어르신들은 정년, 그러니까 공식적인 은퇴 이후에도 재취업이나 창업 등을 통해서 일을 계속하고 계시다는 결과입니다. 공식 은퇴 그러니까 정년 이후 일하는 기간만을 놓고 보면 한국 남성이 11.1년으로 OECD 중 1위입니다.

현실이 이러니 은퇴의 뜻이 달라져야 할 것 같습니다. '주된 직장에서 물러나 새로운 직장이나 일을 시작하는 2차 활동 단계의 시작'이 현재 한국 사회의 은퇴입니다.

왜 '일'인가?

나이가 들어서도 계속 일하고 싶어하고 실제로 일하는 이유는 무엇일까요? 그 첫 번째는 경제적 필요입니다. 노년의 안정된 생활을 위해 일은 중요한 의미를 갖습니다. 노년의 작은 일자리 하나가 품고 있는 경제적 가치는 엄청납니다. 특히 초저금리 시대인 현재는 더욱더 그렇습니다. 은행 금리는 2%대를 지나 1%대까지 떨어졌습니다. 이런 상황에서 1년에 1,000만 원 수입을 얻으려면 5억 원의 자금이 필요합니다. 1년 1,000만 원은 매월 80만 원이 약간 넘는 액수입니다. 일을 해서 월 80만 원을 벌 수 있다면 현금 5억 원을 가지고 이자 수입을 받는 사람과 똑같은 경제적 효과를 누리는 셈입니다.

일과 연금의 경제적 효과에 대해서도 비교해보면 재미있는 결과가 나옵니다. 연금을 탈 때의 이자율이나 물가상승률 등을 고려하지 않은 단순 계산으로 월 80만 원씩 20년간 연금을 받으려면 그전 20년간 매월 60만 원 가까운 돈을 꼬박꼬박 부어야 합니다.

또한 일은 중장년층의 수입을 증가시킬 뿐만 아니라 일하지 않을 때 생기는 소모성 비용을 줄여줍니다. 이처럼 나이가 들수록 일의 경제적 가치와 효과는 그만큼 더 커집니다.

'일'이 중요한 두 번째 이유는 건강과 활력이 높아진다는 데서 찾을 수 있습니다. 일하는 사람이 더 건강하고 장수합니다. 이는 여러 연구를 통해 증명된 객관적 사실입니다. 평균수명이 가장 낮은 직업은 무엇일까요? 바로 백수입니다. 천성수 교수의 논문을 보면 백수로 지낸 남성의 평균수명은 60.7세인데 일하면서 산 사람보다 14.4년이나 짧다고 합니다.

통계청 고령자 조사를 보더라도 일하는 노인은 일하지 않는 노인보다 30% 정도 더 건강하다고 느끼는 것으로 나와 있습니다. 그리고 정기적으로 건강검진을 받는 등 건강관리를 하는 비율도 일하는 노인층이 더 높았습니다.

일하는 사람은 정서적으로도 건강합니다. 일은 자신이 쓸모 있는 사람이라는 자존감과 긍지를 높이고 정서적 안정감을 줍니다. 일이 주는 스트레스가 존재하지만 이것은 일하지 않을 때 생기는 스트레스보다 훨씬 더 약합니다. 오히려 적당한 긴장감과 활력을 주는 자극제 역할도 합니다. 나이가 들수록 일은 신체와 정신의 건강을 유지해주는 좋은 보약이 될 수 있습니다.

셋째, 일을 통해 사회에 기여할 수 있습니다. 특히 나이가 많은 사람은 평생을 통해 쌓아온 소중한 경험과 경륜, 통찰력이 있습니다. 상황에 대처하는 능력이 뛰어나고 정서적으로도 안정되어 있습니다. 인적 네트워크도 젊은 사람들과 비할 바가 아닙니다. 이런 강점을 바탕으로 우리 사회의 미래를 위해 많은 일을 할 수 있습니다. 직장에서 특유의 능력을 발휘함으로써 젊은이들이 더 잘 일하는 데 뒷받침이 될 수 있고 사회봉사를 통해 직접적인 기여를 할 수도 있습니다.

영적인 관점에서도 일은 소중한 의미를 갖습니다. 성경은 일함으로써 소득을 얻고 그것으로 생활할 것을 가르칩니다.

> 우리가 너희와 함께 있을 때에도 너희에게 명하기를 누구든지 일하기 싫어하거든 먹지도 말게 하라 하였더니 우리가 들은즉 너희 가운데 게으르게 행하여 도무지 일하지 아니하고 일을 만들기만 하는 자들이 있다 하니 이런 자들에게 우리가 명하고 주 예수 그리스도 안에서 권하기를 조용히 일하여 자기 양식을 먹으라 하노라 (데살로니가후서 3장 10절~12절)

일의 가치를 훼손하는 것들

나이가 들어갈수록 일은 더 소중하고 가치 있는 것입니다. 그런 점에서 우리 사회가 중고령층이 더 잘 일할 수 있는 기반을 닦는 데 많은 노력을 쏟아야 할 것입니다. 그러나 현실은 녹록하지 않습니다. 나이가 들어서도 가치 있게 일하려면 넘어서야 할 산이 있습니다.

먼저, 일의 의미와 즐거움을 앗아가는 현실의 절박함이 있습니다. 장성한 자녀가 독립하지 않고 부모 주변을 기웃거립니다. 이만하면 충분히 잘 키우고 공부시켰다고 생각했는데 전직을 위한 진학이다 유학이다 하며 손을 벌립니다. 그러다 결혼을 할 무렵 왕창 뜯어갑니다. 출가한 후에도 사업이니 뭐니 하며 큰돈을 요구하는 사례도 적지 않습니다. 이렇게 한몫씩 챙긴 후에는 가시고기처럼 뼈만 앙상하게 남은 부모를 돌아보지 않습니다. 슬프고 부끄러운 풍속도입니다. 한국의 중장년들은 자녀를 뒷바라지하기 위해 오래도록 일합니다. 그리고 자녀가 떠난 후에는 당신들의 생존을 위해 또 일합니다. 우리의 역사와 문화적 전통과 현재 상황이 어우러져 생긴 이러한 복합적인 사회문제는 시급히 해결되어야 할 것입니다. 인식이 바뀌고 시스템이 개선되어야 합니다. 그리고 부모 세대 스스로 이런 강박관념에서 벗어날 필요가 있습니다. 앞에서 말했듯 자녀를 우상으로 섬겨서는 안 됩니다.

둘째 계속 일하고 싶어하는 중장년들을 노리는 하이에나들이 존재합니다. 한국사회에서는 은퇴를 앞두고 새로운 경제생활을 시작하는 사람들에게 달콤한 목소리로 유혹하는 이들이 많습니다. 이에 대해서는 앞에서 자세히 다루었기 때문에 더 이야기하지 않겠습니다.

셋째, 나이 든 사람이 일하기에 좋은 일자리가 턱없이 부족합니다. 중장년층은 자신이 그동안 쌓아온 지식과 경험, 경륜과 지혜를 펼칠 수 있고 적정한 급여를 받을 수 있으며 사회적으로 가치 있고 계속 근로할 수 있는 일자리를 원하지만, 현실에서는 사회적 의미를 찾기 힘든 저임금 단순 노무직 일자리가 단기 임시직의 형태로 주어질 뿐입니다. 한국 고령자들의 절반 넘는 사람들이 농·어·축산업에서 일하고 26%는 단순노무직이며 12%는 서비스·판매직입니다. 이에 비해 고위임원은 1%, 전문가는 2%, 사무직은 0.3%밖에 되지 않습니다.

정부가 야심차게 추진한 노인 일자리 창출 사업을 보면 심각한 상황이 적나라하게 드러납니다. 창출된 20만 개 가까운 일자리 중 90%는 월 20만 원, 7개월의 한시적 일자리였으며 나머지 10%도 소득이 일정하지 못한 일용직이었습니다. 결과적으로 노인의 시간 보내기 사업으로 전락한 셈입니다. 이런 현실에서 나이 들어 열심히 의미 있게 일하는 것은 우리 사회에서 이루기 힘든 꿈일까요?

아름답게 일하며 늙어가는 법

나이 들어 일하는 데 현실적 어려움이 존재한다고 해서 지레 겁을 먹고 일을 포기할 필요는 없습니다. 그것은 극복해야 할 과제이지, 좌절할 이유는 아닙니다. 잭 웰치의 말처럼 사람들이 실패하는 진짜 이유는 너무 빨리 포기하기 때문입니다. 차근차근 노년의 일을 준비한다면 기회는 열려 있습니다.

먼저 자신감과 긍정적 사고가 필요합니다. 사회적 여건이 많이 개선되었습니다. 60세 정년 법제화는 이를 상징적으로 보여줍니다. 인식도 점점 좋아지고 있습니다. 기업 인사 담당자들은 숙련된 장년층이 오래도록 일하는 것이 회사에 이익이라는 분석을 내놓고 있습니다. 또한, 인구구조에 변화에 따라 일 할 사람이 부족해질 날도 머지않았습니다. 한국의 중노년층들은 과거에 비해 교육수준이 높고 신체적으로도 건강합니다. 장기적으로 볼 때 한국 사회는 나이 든 사람이 더 많이 일하기를 바라며 더 좋은 일자리를 내놓을 가능성이 큽니다. 이런 환경 변화에 기대를 갖고 앞으로의 일에 대해 미리 준비해야 합니다.

둘째, 노년의 일을 준비함에 있어 최선을 다해야 합니다. 준비를 게을리하다가 퇴직을 맞이하면 선택의 폭이 너무 좁습니다. 당장의 현실에 떠밀려 좋지 않은 일자리를 울며겨자먹기식으로 선택해야 할 수도 있습니다. 교육에 극성인 엄마가 자녀의 입시 정보를 탐색하듯 정보를 총동원하여 일자리를 탐색해야 합니다. 그리고 마치 젊은이가 첫 직장에 취업하기 위해 땀 흘려 노력하듯 구직활동을 해야 합니다. 준비 기간은 길면 길수록 좋습니다. 현재 일의 연속이든 새로운 일이든 직무능력을 쌓는 훈련이 필요합니다. 관련 직무와 관련해 경력과 실적, 스토리를 창조하며 커리어 관리도 해야 합니다. 정보와 인적 네트워크를 총동원한 적극적인 구직 활동도 필수적입니다. 이렇게 혼신을 다해 준비하면 나

장-프랑수와 밀레 〈만종〉

이 들어 즐겁게 일하기 위한 충분한 경쟁력을 쌓을 수 있습니다.

셋째, 리스크에 대비해야 합니다. 크고 작은 속임수에 넘어가면 안 됩니다. 직접 발로 뛰고 관련 인물을 만나서 대화하며 입체적으로 확인해야 합니다. 그리고 창업과 투자, 귀농 등 리스크가 큰 분야는 100% 확인하고 준비하여 확신이 섰을 때만 도전하는 것이 좋습니다. 큰 수입보다는 리스크가 낮은 분야를 우선적으로 고려하는 태도도 필요합니다. 특히 그리스도인은 믿지 않는 사람과 동업하는 일에 특별히 주의해야 합니다. 가치와 지향이 다르기 때문에 크게 상처받고 틀어질 수 있습니다. "너희는 믿지 않는 자와 멍에를 함께 메지 말라 의와 불법이 어찌 함께 하며 빛과 어둠이 어찌 사귀며(고린도후서 6장 14절)"라는 말씀을 기억할 필요가 있습니다.

넷째, 더 낮아지고 젊어져야 합니다. 일에서 정점을 찍은 후에는 그 자리에서 천천히 내려와야 합니다. 그런 현실을 인정해야 오래 일할 수 있습니다. 기존의 지위와 대우는 잊고 '을'로 살 준비가 되어야 합니다. 그리고 나이는 숫자에 불과하다고 인식해야 합니다. 젊은이들과 자연스럽게 함께 어울려 일할 수 있으면 오래도록 행복하게 일할 수 있습니다.

마지막으로, 지금 자리에서 성실하게 섬기며 일해야 합니다. 그것이 바로 나이 들어서의 새로운 직업을 열어주는 첩경입니다. 성경은 우리가 직장에서 어떻게 일해야 하는지를 구체적으로 일

러주고 있습니다.

> 종들아 두려워하고 떨며 성실한 마음으로 육체의 상전에게 순종하기를 그리스도께 하듯 하라 눈가림만 하여 사람을 기쁘게 하는 자처럼 하지 말고 그리스도의 종들처럼 마음으로 하나님의 뜻을 행하고 기쁜 마음으로 섬기기를 주께 하듯 하고 사람들에게 하듯 하지 말라 이는 각 사람이 무슨 선을 행하든지 종이나 자유인이나 주께로부터 그대로 받을 줄을 앎이라 상전들아 너희도 그들에게 이와 같이 하고 위협을 그치라 이는 그들과 너희의 상전이 하늘에 계시고 그에게는 사람을 외모로 취하는 일이 없는 줄 너희가 앎이라 (에베소서 6장 5절~9절)

발상의 전환

일과 직업에 대한 발상의 전환을 시도할 수 있습니다. 일자리에 대해 틀에 박힌 사고를 갖고 있으면 창조적인 선택이 어렵습니다. 이미 주어진 직업만 고집하다가는 변화에 도태될 수 있습니다. 그래서 '창업' 대신 '창직'이라는 개념이 떠오르고 있습니다. 창직은 한마디로 새로운 직업이나 일거리를 만들어내는 것을 말합니다.

예를 들어서 설명하겠습니다. 대형 유통점에서 일하시던 분이 정년을 맞아 은퇴하셨습니다. 이분에게는 특별한 기술이나 전문 지식이 없으셨습니다. 그런데 청소하는 것을 유독 좋아하시고 잘하였습니다. 마트에 근무하실 때도 그랬습니다. 그래서 은퇴 후에 건물과 사무실 청소하는 일을 하면 좋겠다고 생각했습니다.

이분은 퇴직 후 제일 먼저 청소용역회사를 찾았습니다. 재취업을 시도한 겁니다. 하지만 기대한 것보다 근무 조건이 좋지 않았습니다. 낙심한 끝에 아예 청소업체를 차릴까도 고려했다고 합니다. 사무실을 열고, 장비를 사고, 직원을 고용하는 본격적인 창업을 구상한 것입니다. 그런데 겁이 났습니다. 경쟁도 심한데, 성공할 수 있을까? 그동안 고생스럽게 모은 돈을 통째로 날리는 건 아닌가 걱정이 되었습니다.

이분은 심사숙고 끝에 방법을 하나 찾았습니다. 평소 관심이 있던 아로마를 청소에 접목하는 것입니다. 친환경 아로마 세제를 이용해 사무실과 건물 화장실을 청소하고 공기 정화와 방향 기능까지 덧붙이면 경쟁력이 있을 것이라 생각했습니다. 이분은 이 일을 시작했습니다. 따로 사무실을 열거나 고가의 장비는 사지 않았습니다. 사업자등록도 하지 않았습니다. 자신의 집을 근거로 삼고 지인들에게 소개를 받으며 한 곳한 곳 거래처를 늘려나갔습니다. 이분은 자신을 '아로마 실내환경 관리사'라고 부릅니다.

또 다른 분은 한 직종에서 30년 가까이 일하셔서 업계 내부 사정에 밝았습니다. 아는 분도 많이 계셨습니다. 퇴직 후에 한동안 쉬시다가 뭔가 일이 필요하겠다고 생각했습니다. 글도 잘 쓰시고 젊을 때는 기자가 꿈이신 분이라 언론 쪽도 생각했는데 그쪽으로의 재취업은 불가능했습니다. 그러던 중에 증권가 정보지에서 힌트를 얻었습니다. 몸담았던 업종의 고급 정보지를 만들어서 이메일이나 팩스로 보내는 일을 할 수 있겠다고 생각한 것입니다. 그리고 몇몇 회사에 의사를 타진했습니다. 그 분야 언론 기사를 소개하고 분석하는 것은 물론이고 업종의 지인들에게 듣는 정보들까지 취합해서 매일 정보지를 만들었습니다. 그런데 고객은 한 개 회사로 끝나버렸습니다. 잘 안 되어서 그런 게 아니라 첫 고객이 수수료를 높이며 독점을 요구해서 그렇게 되었다고 합니다.

저는 그리스도인이 창직의 개념을 적극 활용하는 것이 매우 유용하리라 봅니다. 기독교적 가치를 사업에 접목함으로써 사회에 선한 영향력을 행사하며 가치 있는 일자리를 만들 수도 있기 때문입니다.

사회봉사와 직업을 연계한 NPO_{Non-Profit Organization} 경영도 고려해볼 만합니다. 비영리단체로 사회 기여를 하며 소득을 올리는 것입니다. 이를 위해서는 어떤 사회 서비스 수요가 존재하는지, 내가 전문성을 살릴 수 있는 분야가 무엇인지를 파악해야 합니다. 또한, 지원을 받을 수 있는 사람들 및 조직, 정부기관들과의 인적 관계를 형성하는 것도 중요합니다.

낮은 자리로

나이 들어서도 모두가 부러워할 만한 좋은 일자리를 찾고 그곳에서 일하는 가치와 즐거움, 소득을 누리는 것은 더할 나위 없이 좋은 일입니다. 하지만 이런 자리가 탐욕의 대상이 되면 안 되겠습니다.

성숙한 그리스도인은 때로는 가장 낮은 자리로 내려가 희생과 섬김의 도를 보여주기도 합니다. 전영창 목사님은 미국에서 신학 공부를 마친 후 미국 선교사들과 함께 한국의 오지에 기독교 이념에 따른 전인교육기관을 세우겠다는 목표로 거창고등학교를 설립했습니다. 그런데 이 학교의 직업 선택 십계명은 매우 인상적입니다.

① 월급이 적은 쪽을 택하라.

② 내가 원하는 곳이 아니라 나를 필요로 하는 곳을 택하라.

③ 승진의 기회가 거의 없는 곳을 택하라.

④ 모든 조건이 갖추어진 곳은 피하고, 처음부터 시작해야 하는 황무지를 택하라.

⑤ 앞을 다투어 모여드는 곳은 절대 가지 마라. 아무도 가지 않는 곳으로 가라.

⑥ 장래성이 전혀 없다고 생각되는 곳으로 가라.

⑦ 사회적 존경 같은 것을 바라볼 수 없는 곳으로 가라.

⑧ 한가운데가 아니라 가장자리로 가라.

⑨ 부모나 아내나, 약혼자가 결사반대를 하는 곳이면 틀림없다. 의심치 말고 가라.

⑩ 왕관이 아니라 단두대가 기다리고 있는 곳으로 가라.

이런 낮고 험한 일자리가 갈렙이 원했던 산지와 통하지 않을까 하는 생각을 해봅니다. 평생을 직업에 헌신한 분들에게 낮은 일자리를 권하는 게 몹시 주제넘고 가혹한 권유일지 모릅니다. 그러나 이런 그리스도인이 늘어난다면 우리 사회에 새로운 희망과 활력이 넘치리라 기대해봅니다.

특히 특수직역연금을 수령하거나 자산이 풍부해서 은퇴자금에 비교적 여유가 있는 분들, 전문 지식과 역량을 갖춘 그리스도인이 더 높은 자리를 지향하지 않고 낮은 자리, 봉사하는 자리로 나아간다면 새로운 물결을 일으킬 수 있을 것입니다.

봉사의 길

지미 카터는 미국의 제39대 대통령입니다. 그는 재임 시절 인기 없는 대통령이었습니다. 그는 연임에 실패한 후 1981년 쓸쓸한 퇴임을 맞이했습니다. 설상가상雪上加霜으로 취임 전 신탁해 두었던 개인 자산도 엉망이 되어 있었습니다. 미국 남서부에 가뭄이 들어 그의 땅콩 농장은 100만 달러 이상의 빚더미에 올라 있었습니다. 그래서 150년 동안 가문의 터전이었던 땅을 팔았고 한 채 남은 집마저도 저당 잡혀야 했습니다. 다른 비자발적 은퇴자들처럼 그도 힘겹게 은퇴 후 생활을 시작할 수밖에 없는 처지였습니다.

그러나 그는 그 이후 성공적인 삶을 살았다고 합니다. 대통령 재임 시절의 경험과 지혜, 인맥을 바탕으로 중동과 한반도 평화를 위한 중재 활동을 전개했고 카터연구소를 설립해 에티오피아 말라리아 퇴치 사업 등 공익운동을 펼쳤습니다. 지속 가능한 농업, 공동체 발전, 사형제도 폐지, 빈곤층 주택 개선 사업Habitat for Humanity 등 다양한 분야에서 활동했습니다. 그는 세계 평화와 인권, 빈권 퇴치에 이바지한 공로를 인정받아 2002년 노벨 평화상을 받았습니다. 정치 평론가들은 그를 '가장 위대한 퇴임 대통령'이라 부릅니다.

저는 대학 졸업 후 국회 입법비서로 사회생활을 시작했습니다. 그리고 한국은퇴설계연구소를 설립하기 직전에 잠시 대통령선거 운동본부에서 역할을 맡아 일했습니다. 그때 많은 은퇴자가 정치와 사회활동에 관심을 두고 정열적으로 참여하고 있음을 보았습니다. 물론 현재 이분들은 보수적인 성향이 강하고 특정 정당에나 이념에 쏠린 모습을 보이고 있습니다. 그러나 이는 세대적 특징으로 보입니다. 베이비붐 세대의 은퇴가 시작된 지금부터는 더 다양한 색채와 활동에서 은퇴자들의 사회 참여가 활발해지리라 기대합니다.

많은 선교단체, 봉사단체, 사회단체가 실무 인력 부족에 시달리고 있습니다. 여러 면에서 발전하긴 했지만, 우리 사회에서 이런 단체들에 대한 인식 수준은 그리 높지 않은 편입니다. 상근자들의 급여도 낮은 편입니다. 그래서 처음에 사명감과 열의를 갖고 투신했던 젊은이들이 중도에 이탈하는 경우도 많습니다. 한 NGO에서 활동하는 내 선배는 이런 상황에서 경험과 지식, 문제 해결 능력이 뛰어난 은퇴자의 참여가 큰 힘이 된다고 말했습니다.

노동부 차관과 노사정위원회 위원장을 거친 김성중 전 위원장이 은퇴하자마자 달려간 곳은 이주노동자를 돕는 복지단체 지구촌사랑나눔이었습니다. 그는 이름을 올리고 사진만 찍는 형식적 활동 대신 자신이 그동안 쌓아왔던 경험과 지식, 인맥을 총동원하여 헌신적으로 봉사함으로써 이주노동자의 진정한 친구가 되고 있습니다.

나이 들어가는 사람들의 일은 미래로 열려 있습니다. 만만치 않은 현실 장벽이 있지만, 하나님 안에서 이것을 능히 극복할 수 있습니다. 깊은 영성을 바탕으로 지혜와 창조성을 발휘한다면 평생 은퇴하지 않는 당당한 직업인으로 그리고 사회를 깨우는 봉사자로 사회선교사로 아름다운 삶을 살 수 있을 것입니다.

· ·

영적·사회적·정신적·신체적 건강

사랑하는 자여 네 영혼이 잘됨 같이 네가 범사에 잘되고 강건하

기를 내가 간구하노라 (요한3서 1장 2절)

건강하게 나이 들기

갈렙은 85세 나이에도 전투를 치를 수 있는 건강과 활력을 유

지하고 있습니다. 우리는 갈렙에게서 건강하게 나이 드는 법을

배워야 할 것입니다. 그러면 건강이란 어떤 것일까요?

WHO(세계보건기구)는 "건강이란 질병이 없거나 허약하지 않

은 것만 말하는 것이 아니라 신체적·정신적·사회적으로 완전히

안녕한 상태에 놓여 있는 것physical, mental and social wellbeing을 의미한

다"고 규정하고 있습니다.

이 정의는 매우 마음에 와 닿습니다. 나이 들어가면서 추구하

는 건강이란 '육체적 건강'의 범위를 뛰어넘습니다. 정서적으로 안정되어 자신을 통제할 수 있으며 다른 사람들과 건전한 유대 관계를 맺으며 의미 있는 삶을 사는 상태가 바로 건강함으로 표현됩니다.

여기에 저는 영적 의미의 건강을 더 추가하고 싶습니다. 하나님과 활발하게 소통하며 그 속에서 믿음을 굳건하게 하며 평안함을 누리는 상태가 영적 건강일 것이라 생각합니다.

이런 경지의 건강은 저절로 주어지지 않습니다. 하나님과 동행하며 성실하게 생활하고 노력함으로써 비로소 얻게 되는 결과일 것입니다. 그러므로 건강하게 나이 드는 것을 중요한 목표로 삼아야 합니다. 건강을 유지하고 관리하기 위해서 적극 노력해야 할 것입니다.

건강 관리 주체는 의사가 아니라 나 자신

의학기술이 눈부신 발전을 거듭하고 있습니다. 병원과 제약회사들은 질병을 치료하고 생명을 연장하며 쾌적한 상태를 유지하는 데 결정적 역할을 하는 획기적 발견, 치료제, 첨단 의료기술을 속속 내놓고 있습니다. 그렇지만 이것으로 충분하지 않습니다.

건강을 유지하고 관리하는 최고의 주체는 바로 우리 자신입니다. 전문가들은 신체적 이상이나 때 이른 죽음의 3분의 2 이상은 스스로 선택한 생활습관에 의해 야기된 것이라고 지적합니다. 즉, 생활습관의 개선을 통해 질병을 미리 예방하거나 늦출 수 있다고 합니다. 전문가들은 간단하지만 결정적인 몇 가지 충고를 합니다.

① 담배를 피우지 마라.
② 적당한 체중을 유지하라.
③ 정기적으로 운동하라.
④ 소금, 설탕, 콜레스테롤, 포화 지방 함량이 높은 음식은 가능한 한 적게 먹어라.
⑤ 적정한 양 이상의 음주를 피하라.
⑥ 지나치게 걱정하지 말고 자주 웃어라.
⑦ 정기적으로 건강 검진을 받아라.

이것들은 이미 우리가 잘 알고 있는 사항들입니다. 하지만 제대로 실천하는 사람들은 소수에 지나지 않습니다. 금연을 미루고 자극적인 음식을 즐기며 과음을 일삼습니다. 시간 부족을 평계로 운동에도 게으릅니다. 체중이 증가해도 걱정하는 말만 할 뿐 구체적인 실천을 하지 않습니다. 스트레스에 짓눌려 살고 결과가 걱정된다는 묘한 평가를 대며 건강 검진을 건너뛰기 일쑤입니다. 그 결과 때 이른 죽음을 맞이하거나 건강한 활력이 넘쳐야 시기를 질병과 함께 보내는 비참한 결과를 맞이하게 됩니다.

그런데 신체적 건강을 위한 실천 지침들은 교회 공동체가 권하는 생활방식과 맞닿아 있습니다. 신앙생활을 제대로 하는 것이 결국은 좋은 건강관리로 이어진다는 결론을 얻을 수 있습니다.

의료 기술의 발전으로 질병의 원인이 상당 부분 드러났습니다. 당뇨병이나 AIDS 같은 난치병도 잘 관리하면서 증상을 약화시키거나 연기할 수 있게 되었습니다. 어떤 질병은 백신을 통해 예방할 수 있습니다. 암처럼 예전에는 생명을 앗아가던 중증 질환도 조기에 발견하면 비교적 쉽게 완치할 수 있는 단계로 접어들었습니다.

그러나 이런 지식과 기술을 제대로 활용하지 않으면 소용이 없습니다. 음주와 흡연의 생활습관, 잘못된 식생활을 계속하거나 신경 써서 정기적인 건강검진을 받지 않으면 무용지물이 됩니다. 건강에 대한 관심과 기본적인 실천이 절실한 시점입니다. 자신의 현재 건강과 함께 미래의 건강을 함께 돌보아야 합니다. 이는 고령화 시대를 사는 현대인들에게 숭고한 의무와 같습니다.

사회적 건강 – 소통을 회복하라

나이 듦의 건강은 사회적 건강을 포함합니다. 이것은 다른 사람과 긍정적인 유대관계를 맺는 것을 의미합니다. 사회적 관계의 출발은 가족입니다. 특히 나이 듦을 준비함에 있어서 가족과 활발히 소통하는 것이 좋습니다.

은퇴 후의 삶에 대해 가족과 공유된 인식과 계획이 있다면 결심과 행동이 조금 더 쉽습니다. 은퇴를 앞둔 시점이라면 그동안 해온 일의 의미, 성과에 대해 말하고 은퇴 후 생활과 자금계획, 거주지, 가족관계에서 변하는 점, 가족이 이해하고 도와주었으면 하는 점들을 사전에 충분히 의논하는 것이 바람직합니다.

긴 시간 동안 자연스러운 대화의 과정을 통해 이런 화제가 거론된다면 더할 나위 없이 좋겠지만 그렇지 않은 상황에서 은퇴가 목전에 왔다면 집중적으로 대화할 시간을 마련할 필요가 있습니다. 가족 여행 등은 좋은 프로그램입니다. 가족끼리 조촐한 은퇴식을 만들고 깊은 대화를 병행하는 것도 괜찮습니다. 가족들은 그동안 고생한 은퇴자에게 존경을 표시하고 격려합니다. 은퇴자는 자신의 계획과 바라는 점을 솔직하고 구체적으로 이야기함으로써 오해가 발생하지 않게 합니다. 이 속에서 가족 구성원이 각자의 역할과 책임을 분명하게 정하고 아주 특별한 변수가 발생하지 않는 한 그것을 지켜야 합니다.

주로 남성 가장들은 권위적인 성격을 갖기 쉽습니다. 이는 현재 한국의 은퇴 세대의 특징적 성격이기도 합니다. 일방적으로 밀어붙이기보다는 개방적인 자세로 의견(특히 아내의 생각)을 묻고 경청하며 수용하는 자세가 필요합니다. 서로 뜻이 다른 부분이 있으면 배려심을 유지하면서 설득과 조정을 거쳐야 합니다. 고집이나 위압적 자세는 전혀 도움이 되지 않습니다.

부부가 함께 나이 듦의 설계를 하고, 이것을 자녀와 의논하며 준비 과정에서도 가족 모두가 참여하는 일은 매우 중요하지만 자주 간과됩니다. 그러나 가족 간의 존중과 이해, 인식과 책임의 공유 속에서 나이 듦의 준비가 진행된다면 바람직한 삶을 만드는 데 결정적인 기반이 될 수 있습니다.

가족의 범위를 넘는 사회관계에서도 소통 능력을 몸에 익혀야 합니다. 나이가 많다는 것은 조직의 위계에서도 높은 위치에 있었을 가능성이 높다는 것을 의미합니다. 그래서 권위적이며 독단적으로 판단하고 일방적으로 지시하는 나쁜 습관이 몸에 배어 있는 경우가 많습니다. 은퇴 전의 조직에서 이것이 통했을지 모르지만 은퇴 후 생활 현장에서는 받아들여지지 않습니다. 그런데도 계속 그런 태도를 유지하면 소통을 이룰 수 없습니다. 전문가들이 주로 이야기하는 것을 종합하면 나이 들어가면서 소통 능력을 기르기 위해서는 중요한 세 가지 원칙이 있습니다.

첫째, 다양성을 인식하는 것입니다. 사람의 기질과 성격을 구분하는 도구들은 많습니다. 현대 의학의 시원이 된 히포크라테스는 사람의 기질을 다혈질, 점액질, 담즙질, 우울질의 네 가지로 나누었습니다. 한의학을 체계화한 이제마는 사람의 기질을 태양, 태음, 소양, 소음의 4가지로 나누고 이를 다시 조합하여 16가지로 구분하였습니다. 그리스에서 유래된 애니어그램은 사람의 성격 유형을 9가지 동물에 비유합니다. 심리검사에서 비교적 많이 활용되는 MBTI는 사람의 성격을 16가지 유형으로 나눕니다. 저는 이 중에 어떤 것이 가장 유용한지 잘 모릅니다. 하지만 분명한 사실 한 가지는 알고 있습니다. 모든 분석이 사람의 다양성을 전제로 하고 있다는 것입니다. 그러므로 사람들이 생각하고 행동하는 방식이 나와 다를 수밖에 없음을 인정해야 합니다. 차이를 개방적으로 받아들이는 자세에서 소통이 시작될 수 있습니다.

둘째, 낮아져야 합니다. 예전의 높은 자리에서 내려와야 합니다. 은퇴한 이후에도 심리적으로는 계속 그 자리에 앉아 있는 사람이 많습니다. 그러나 사람들은 나의 전직을 의식하지도 않습니다. 지금 현재를 기준으로 나를 대합니다. 이때 과거의 나와 현재의 내가 충돌하면서 소통의 혼선이 생깁니다. 은퇴 후에 맞이한 새로운 일은 더 낮은 지위일 수도 있습니다. 이때 그 자리에서 격의 없이 소통하고 의논해야 합니다. 나이 듦은 계속 내려놓고 낮아지는 연습을 필요로 합니다.

셋째, 젊어져야 합니다. 나이 든 사람은 어떠해야 한다는 고정관념을 탈피해야 합니다. 새로운 일터가 생기면 그곳의 젊은이들과 함께 어울려 일해야 합니다. 그런데 사고방식조차 이해할 수 없고 접근하기 힘든 사람은 아무도 반기지 않을 것입니다. 새로운 직업을 준비하는 과정 중 중요한 한 가지 분야는 소통 능력의 함양입니다. 이를 위한 현실적 기준이 있습니다. 나보다 훨씬 젊은 팀장 휘하의 실무자로 근무하는 상황을 전제로 삼는 것입니다. 그 젊은 팀장이 나에게 편하게 임무를 부여하고 보고를 받고 함께 의논하고 때로는 어울려 놀며 팀워크를 다질 수 있는 사람이 되어야 합니다. 그러기 위해서는 더 낮아지고 젊어지는 훈련이 필요합니다.

..

살며 사랑하며 배우며

또 우리 사람들도 열매 없는 자가 되지 않게 하기 위하여 필요한 것
을 준비하는 좋은 일에 힘 쓰기를 배우게 하라 (디도서 3장 14절)

새로운 공부를 시작할 나이

'평생학습'이라는 단어가 등장한 지 이미 오래되었습니다. 급
격히 변화하는 세상에서 교육과 학습은 어느 특정 시기에만 이
루어지지 않습니다. 누구나 새롭게 등장한 지식과 기술을 연마해
야 합니다. 나이 들어가는 사람도 마찬가지입니다. 공부할 것은
널려 있으며 매일 새롭게 탄생합니다.

특별히 성경을 공부하는 데 열심을 내어야 할 것입니다. 젊은
시절의 읽었던 것과는 다른 새로운 의미와 교훈이 되살아날 것입
니다. 교회의 성경공부 프로그램에 적극 참여하며 영적 지성을

강화하는 데 주력하는 것은 성숙한 나이 들기의 대표적인 모습일 것입니다. 성경 전체를 손글씨로 쓰거나 성경 통독을 해보는 것도 매우 좋습니다.

평생교육을 위한 시스템도 점점 늘어나고 있습니다. 각급 대학과 직업훈련기관 지역자치단체, 사회단체와 교회, 언론기관 등과 방송, 인터넷을 활용한 원격교육기관이 평생교육을 위한 다양한 프로그램을 운영하고 있습니다. 정규 학위 프로그램을 비롯하여 인문학, 사회과학 등의 학문 영역에서부터 전자, 기계, 건설, 컴퓨터, 농업 등의 직업 기능 분야, 예술과 취미에 이르기까지 무수한 교육이 이루어집니다. 조금만 관심을 두면 공부할 것을 쉽게 찾을 수 있습니다. 이런 기회를 살려 은퇴 전에도 은퇴를 위해 공부하고 은퇴 후에도 끊임없이 학습하는 멋진 전형을 만들 수 있습니다.

앞에서 지미 카터 대통령의 퇴임 후의 아름다운 삶을 이야기했습니다. 그의 삶은 학습에 의해 뒷받침되었습니다. 그는 은퇴 후 '배움의 가치'에 역설했고 자신이 무엇을 배웠는지, 지금 배우고 있는지를 강조했습니다. 그는 자신의 저술에서 퇴임 후 낚시, 등산, 조류 관찰, 스키, 테니스, 저술, 목공, 사냥을 새롭게 배웠음을 밝혔습니다.

도서관은 은퇴를 준비하고 은퇴생활을 시작하기에 무척 좋은 장소입니다. 넓게는 우리 삶의 근본적 영역에서 좁게는 자신이 관심을 둔 직업이나 기술 영역에서 충분한 정보를 얻으며 심사숙고할 기회를 갖게 되기 때문이다. 그리고 도서관이라는 공간이 주는 매력과 독서 그 자체의 독특한 행복을 만끽할 수도 있습니다. 깊이 있는 독서를 통해 연구자로서 은퇴생활을 전개할 수도 있고 집필을 위한 역량을 쌓을 수도 있습니다.

집필은 은퇴 전후에 도전해볼 만한 대표적 영역입니다. 영적 깨달음, 자신의 삶, 특정 분야에서 축적해온 지식정보와 경험, 통찰력 등을 책을 통해 정리하는 것은 의미 있는 도전입니다. 집필과 출판을 너무 어렵고 거창하며 돈이 많이 드는 일로 생각할 필요도 없습니다. 방법론과 기술, 프로세스를 익히면 가능한 방법이 많이 있습니다. 우리 연구소도 은퇴자를 위한 집필 및 출판 지원 시스템을 마련해서 운영할 구체적인 계획을 세우고 있습니다.

나이 들어 펼쳐진 예술가의 삶

농장에서 농사를 지으며 평범한 생활을 하던 할머니가 있었습니다. 그녀는 남편과 사별한 후에 농사일을 그만두고 딸의 집에서 소일거리 삼아 자수를 놓으며 지냈습니다. 그런데 관절염 때문에 바늘을 움직이는 것이 힘들어 그나마 덜 힘든 그림 그리기를 시작했습니다. 할머니가 72세 되던 해의 일입니다. 정규 미술 교육을 전혀 받을 수 없었으므로 잡지나 그림엽서의 그림을 모방하는 것에서 시작했습니다. 그리고 과거의 추억을 떠올리며 농장 풍경 등을 그려나갔습니다. 그 할머니는 101세의 나이로 세상을 떠나기 전까지 무려 1,600점 이상의 작품을 남겼고 지금도 미국, 유럽과 일본 등 세계 각국에서 전시회가 열리고 있습니다. 미국 국민 화가로 불리는 모지스 할머니Grandma Moses의 이야기입니다.

예술가들은 성숙한 영혼을 갖게 된 노년기에 미학의 절정을 꽃피웁니다. 그뿐만 아니라 예술과는 전혀 상관없는 평범한 삶을 살던 사람들이 은퇴 후 예술가로 변모하기도 합니다. 어쩌면 은퇴 후는 예술활동을 펼치기 좋은 시간인지도 모르겠습니다.

구성원의 연령층이 비교적 높은 합창단, 중창단, 오케스트라, 밴드 등을 자주 접할 수 있습니다. 특히 교회에서는 나이 든 사람 위주의 찬양단이 조직된 곳이 많습니다. 여기에 참여하며 서로 교제하며 신앙을 키우고 예술적 은사를 살릴 수 있습니다.

극단과 인형극단 운영, 은퇴 후 영화감독이 된 사람들의 이야기도 들립니다. 또한, 서양화, 동양화나 서예, 조각 등의 미술에 도전하는 은퇴자들도 어렵지 않게 만날 수 있습니다.

예술은 삶의 의미와 활력을 줍니다. 창작에 참여하는 은퇴자뿐만 아니라 그것을 경험하는 이에게 감동을 전합니다. 긴 인생의 경험이 담긴 작품은 더욱 감동이 큽니다. 꼭 예술이 아니더라도 각종 취미 활동은 무미건조할 수 있는 삶에 생기를 더해줍니다.

이런 예술과 취미 활동은 미리 준비하면 훨씬 더 좋습니다. 은퇴 후 무기력에 빠지면 무언가 새로 시작하기 힘들 수도 있습니다. 은퇴 전의 예술 및 취미 활동이 은퇴 이후로 이어지는 것이 자연스럽습니다. 예술과 취미 활동을 경제활동으로 확장할 수도 있습니다. 취미가 은퇴 후 직업이 되는 것입니다. 인터넷이나 전시를 통해 작품을 팔거나 공연 입장료 등을 받는 경우가 대표적입니다. 대기업 중간관리자 출신의 한 사람은 은퇴 후 자신이 좋아하던 목공을 시작했는데 고객의 주문을 받아 제품을 생산하고 그 대가를 받고 있습니다. 이처럼 은퇴 준비를 하며 예술 활동과 취미의 의미를 다시 한번 생각해보며 다양한 가능성을 모색하는 것은 여러모로 유익합니다.

　전혀 준비가 없거나 수동적으로만 나이 듦을 받아들인다면 그 삶은 무기력해질 수밖에 없습니다. 어떤 면에서 수동적이고 아무런 의미 있는 활동이 없는 인생을 살게 될 수도 있습니다. 그러나 모험을 감수한다면 놀라운 대안이 존재합니다. 새로운 자유를 즐길 수 있고 흥미진진하고 자극적인 모험에 뛰어들 수도 있습니다. 예전에 품었던 바람을 성취할 기회를 뒤늦게 얻게 됩니다. 만약 실수하더라도 괜찮습니다. 미리 대비책을 세워두고 다른 해결책을 모색할 수도 있습니다. 그러니 걱정하면서 아무것도 하지 않는 것보다는 적극 도전하는 것이 훨씬 더 낫습니다.

어디에서 살까?

나이 들어서 어디에서 살까의 문제도 나이 듦의 계획 중 중요한 한 분야입니다. 지금 당장 이주할 계획이 없다 하더라도 그 형태에 대해 미리 알아두고 내 상황에 적합한 것을 찾아보면 유용할 것입니다.

가장 대표적인 형태가 살던 집에서 계속 사는 것입니다. 섬기던 교회 공동체와 관계를 계속 이어가며 정든 지역과 집을 유지할 수 있는 게 가장 큰 장점입니다. 우리나라에서는 2/3가량이 이런 형태를 선호합니다. 다만 노년층이 거주하기에 불편하거나 위험한 점이 개선되어야 합니다. 이를 위해서 '유니버설 디자인'을 활용할 필요가 있습니다. 주택이나 시설물이 젊고 건강한 사람 위주로 설계된 경향이 있는데 이것을 넘어서 노인과 장애인 등 불편한 사람도 편리하게 이용할 수 있도록 만드는 것을 말합니다.

예를 들어 미끄럽지 않은 욕실, 안전 손잡이와 보조의자가 있는 현관, 적정한 높이의 조리대와 수납공간이 있는 주방, 욕실이나 화장실과 가까운 침실 등을 갖추고 응급상황에서 신속하게 연락해서 도움을 받을 수 있는 통신기기 등이 설치된 주택으로 개조하는 것입니다.

도시의 번잡함을 떠나 농촌으로 떠나 전원주택에 거주하는 것도 생각해볼 수 있습니다. 쾌적한 공기, 줄어든 스트레스, 생활의 여유 등이 큰 장점입니다. 하지만 생활 편의시설이나 문화공간, 의료시설이 부족하고 다시 도시로 돌아오고 싶을 때 매매가 오래 걸릴 수 있다는 치명적 단점도 있어 전원주택으로의 이주를 고려할 때는 세심한 주의가 필요합니다.

고령자를 대상으로 노후의 편리한 생활을 제공할 수 있도록 주거, 의료, 휴양 시설을 갖추고 관련 서비스를 제공하는 복합 주거단지인 실버타운도 고려의 대상입니다. 입지조건에 따라 도심형, 근교형, 전원형으로 분류되는데 도심형이 가장 선호되는 형태입니다. 실버타운은 1~3억 원의 입주비(보증금)에 매월 100~200만 원의 생활비가 듭니다. 가사의 부담에서 해결되는 장점은 있지만 비용이 높은 것이 단점으로 꼽힙니다.

그밖에 시간이 흘러 몸이 불편해져서 간병이 필요한 경우, 요양병원과 요양원을 생각할 수 있습니다. 이 둘을 흔히 혼용해서 쓰이는 경우가 많은데 분명한 차이가 있습니다. 요양병원은 본질적으로 의료기관입니다. 법률로 분명히 규정되어 있습니다. 요양병원에 입원하는 분들은 "노인성 질환이나 만성 질환 및 외과 수술 후에 회복이 필요하고 의학적 치료와 요양이 필요한 사람"으로 명시되어 있습니다. 이곳에는 의사와 간호사 등 의료 전문 인력이 반드시 상주해야 하며 의료법 상의 장비와 시설을 갖추어야 합니다. 재원도 국민건강보험을 통해 조달합니다.

요양병원과 비슷하지만 다른 개념으로 요양원이라는 곳이 있습니다. 이곳은 주거시설입니다. 요양원에 입소하는 분들은 6개월 이상 혼자서 일상생활을 하기 어렵다고 보이며 신체, 가사활동의 지원이나 간병 서비스를 필요로 하는 분입니다. 장기요양등급 1-3등급이 여기에 해당합니다. 요양병원과 달리 의사가 상주하지 않고 대개는 촉탁의가 정기적으로 방문해서 진료합니다. 재원은 노인장기요양보험을 통해 마련됩니다. 요양병원이나 요양원은 주로 간병이 필요한 시기에 사회적 도움을 받는 형태라고 보면 됩니다.

지금까지 노후의 주거 형태에 대해 몇 가지를 알아보았습니다. 은퇴설계 당시에는 이런 점들이 중요하게 여겨지지 않지만 상황에 따라 판단이 필요한 시기가 오기도 합니다. 그때를 대비해 분명한 기준을 세워두시고 어느 정도 정보를 갖고 있기를 권합니다.

무엇을 남길까?

자녀를 위해 다음 세대를 위해 무엇을 남길까는 나이 듦을 준비하면서 중요한 관심사가 됩니다. 특히 그리스도인이라면 아름다운 신앙의 유산과 전통을 남겨 믿음의 명문가로 우뚝 서게 되기를 기대할 것입니다.

믿음 안에서 아름답게 나이 들었던 갈렙은 의미 있는 유산을 남겼습니다. 먼저 그는 다음 세대를 위한 믿음의 사명과 과제를 던졌습니다. 미정복지인 기럇 세벨의 점령을 명한 것입니다. 그는

야곱 요르단스 〈기도하는 노인〉

이 과제를 완수한 사람에게 그의 막내 딸 악사를 아내로 주겠다고 선언했습니다. 그의 조카인 웃니엘이 기럇 세벨 정복에 성공했고 그는 약속대로 그의 딸을 웃니엘에게 시집 보냈습니다.

갈렙은 악사를 출가시키면서 유산을 남겨주었습니다. 딸의 요구대로 토지와 샘을 주었습니다. 고대 이스라엘의 상속과 현대 한국 사회의 상속을 직접적으로 비교하는 일은 몹시 어렵습니다. 시대적 상황과 문화가 다르기 때문입니다. 그래서 저는 상징적 의미를 생각해보았습니다. 갈렙이 상속한 샘은 농사와 목축에 없어서는 안 될 곳입니다. 모든 생명이 깃드는 근원으로서의 의미가 있다고 생각합니다. 그래서 악사가 받은 것은 생명의 터전이라고 짐작해봅니다.

갈렙의 견고한 믿음과 충성심, 성실함은 다음 세대에게 깊은 영향과 교훈을 주었을 것입니다. 그의 조카이자 사위인 웃니엘은 그를 롤모델로 삼아 성장했으리라 상상해봅니다. 웃니엘은 가럇 세벨을 쳐서 갈렙의 꿈을 이루었을 뿐만 아니라 후에 이스라엘의 첫 사사가 됩니다. 갈렙의 믿음은 이렇게 다음 세대로 이어집니다.

이스라엘 자손이 여호와께 부르짖으매 여호와께서 이스라엘 자손을 위하여 한 구원자를 세워 그들을 구원하게 하시니 그는 곧 갈렙의 아우 그나스의 아들 웃니엘이라 (사사기 3장 9절)

..

교회 공동체, 두려움에 빠진
이웃들의 위로자

우리의 연수가 칠십이요 강건하면 팔십이라도 그 연수의 자랑은
수고와 슬픔뿐이요 신속히 가니 우리가 날아가나이다 (시편 90장
10절)

교회, 고령화 사회의 희망

현대 한국 사회는 고령화로 몸살을 앓고 있습니다. UN의 정의
에 의하면 65세 이상 인구가 전체 인구의 7% 이상을 차지하는
사회를 고령화 사회라고 합니다. 우리나라는 이미 2000년 7월에
고령화 사회에 진입했습니다. 또한 65세 이상 비율이 14% 이상
이면 고령 사회, 21% 이상이면 초고령 사회라 합니다. 우리나라
는 엄청난 속도로 고령화가 진행되고 있어 얼마 지나지 않아 고
령 사회와 초고령 사회로 접어들 것이라고 예상하고 있습니다.

인구 고령화는 사회적으로 많은 과제를 안겨줍니다. 먼저 연금과 의료 등 복지 수요가 늘어나 재정 부담이 증가합니다. 이것은 결국 국민 전체의 부담으로 전가됩니다. 노동 인구가 감소하면서 경제 활력이 떨어지고 출산 가능 인구가 줄어서 급속하게 인구가 저하될 수도 있습니다. 노동 인구의 비노동 인구 부양 부담도 커집니다.

노후를 맞는 분들도 여러 고초를 겪을 수 있습니다. 노후 생활을 위한 경제적 어려움이 뒤따를 수 있고 어른으로서의 권위를 상실하고 소외와 고립에 처할 수도 있습니다. 늘어난 수요에 비해 노인복지시설과 휴식 공간이 부족해서 갈 곳이 없어지는 어려움도 있습니다.

이처럼 고령화의 부작용에 대해 염려하는 목소리가 큽니다. 국가 정책상으로나 사회 인식과 문화적인 측면에서 큰 변화가 없다면 한국 사회는 고령화의 덫에 잡혀 오도 가도 못하는 처지가 될 것이라는 암울한 예언을 내놓는 사람도 많습니다.

사회 전체가 고령화를 두려워하며 걱정하고 있습니다. 특히 나이 듦과 은퇴를 직접 겪고 있거나 눈앞에 둔 사람들의 불안은 이를 데 없이 큽니다. 정부가 대책을 내놓고 있고 개인적인 준비 정도도 늘어났지만, 고령화 문제를 근본적으로 해결할만한 돌파구는 보이지 않는 실정입니다.

고령화의 그늘이 교회 공동체에도 드리우고 있습니다. 어린이

파울 모더 존 〈선한 사마리아인〉

나 청년 교인의 비중이 낮아지고 점점 노년 교인의 비율이 높아지는 게 대표적인 현상입니다. 태어난 후 교회에 처음 나온 신생아를 위해서 예배 중에 축복 기도를 하는 모습도 고령화와 무관하지는 않을 겁니다.

하지만 저는 교회 공동체가 고령화의 두려움과 부작용을 물리칠 힘을 갖고 있다고 믿습니다. 교회야말로 고령화의 공포에서 우리 사회를 구해낼 유일한 곳일 겁니다.

나이 듦의 모범을 제시한다

우리 그리스도인은 나이 듦의 모범을 제시할 수 있습니다. 두려움과 흔들림 없이 굳건한 노년의 비전을 품은 이들, 탐욕을 부리지 않고 자신의 자리에서 아름답게 섬기는 이들, 건전하고 절제된 생활습관을 유지하며 건강한 삶을 누리는 이들, 서로 교제하고 존중하며 아름다운 관계를 유지하는 이들, 갈렙처럼 나이 드는 크리스천의 모습을 보며 배우려 하는 사람들이 늘어날 것입니다.

일제 강점기 기독교인의 비율은 지금과는 비교도 되지 않을 정도로 낮았습니다. 그러나 그 당시 한국 사회에 미치는 영향력은 실로 엄청났습니다. 이분들의 삶이 실로 존경받을 만한 것이었고 삶의 모델이 되기에 충분했기 때문입니다.

고령 사회를 향해 나아가는 한국 사회는 우리 크리스천에게 새로운 요구를 하고 있습니다. 어떻게 나이 들어야 할지 실천을 통해 보여달라고 부탁합니다. 우리가 나이 드는 모습 하나하나가 우리 사회의 희망이 될 것입니다.

교회, 나이 듦을 가르치고 품는다

나는 교회가 나이 듦을 훈련하는 좋은 공간이 될 수 있다고 생각합니다. 성도들뿐만 아니라 지역사회를 위한 나이 듦을 가르칠 수 있을 것입니다. 노인대학이나 평생교육 프로그램을 운영하는 교회들이 많이 있습니다. 여기에 덧붙여 균형 잡힌 나이 들기와 은퇴설계 교육을 하면 더욱 효과적이리라 생각합니다.

노후를 위한 재무설계, 직업설계, 창업, 건강관리, 인간관계 등에 관한 교육 프로그램을 운영하고 전문성이 있는 성도들이 컨설팅과 상담을 제공하면 지역사회에 의미 있는 도움이 될 것입니다.

또한, 교회는 늘어난 노년층을 품고 보살피는 소중한 역할을 할 수 있습니다. 먼저 성도 중 어르신들을 극진히 보살펴야 하겠습니다. 그분들은 험난한 세월을 보내고 고초를 겪으셨습니다. 노년의 야곱이 바로에게 말했던 것처럼 "내 나그네 길의 세월이 백삼십 년이니이다 내 나이가 얼마 못 되니 우리 조상의 나그네 길의 연조에 미치지 못하나 험악한 세월을 보내었나이다(창세기 47장 9절)"라고 토로할 분이 많이 계십니다. 이분들을 위로하고 품고 섬기는 것은 소중한 사명이라 생각합니다.

그리고 교회의 울타리를 넘어 지역사회의 어르신들을 섬기는 일에 관심을 갖고 헌신하면 좋겠습니다. 한국의 노년층에게는 쉬면서 시간을 보낼 곳이 부족합니다. 대화를 나누며 정서적으로 공감할 만한 기회를 찾기도 어렵습니다. 이런 환경에서 교회가 역할을 맡을 수 있으면 좋겠습니다. 지역사회의 어르신들을 섬기고 대화를 나누고 시간을 가치 있게 보낼 수 있는 프로그램을 제공한다면 한국 교회의 사회선교 사명을 더 잘 감당할 수 있지 않을까요?

교회 공동체는 고령화 한국 사회의 희망이요 길잡이가 될 수 있을 겁니다. 이것은 우리에게 맡겨진 소중한 사명이요 기회일 것입니다.

..

갈렙처럼 나이 들기

1판 1쇄 인쇄 2014년 7월 25일
1판 1쇄 발행 2014년 7월 31일

지은이 권도형
감 수 권대현
펴낸이 최준석

펴낸 곳 한스컨텐츠㈜
주소 (우 121-894) 서울시 마포구 서교동 464-46 서강빌딩 401호
전화 02-322-7970 팩스 02-322-0058
출판신고번호 제313-2004-000096호 신고일자 2004년 4월 21일

ISBN 978-89-92008-57-0 (03230)

갈렙처럼 나이 들기